LOOK

骆课

骆新著

上海辞书出版社

目录

自序

人，随着年龄增大，看问题就容易趋向于悲观。

就像“人无千日好，花无百日红”，“天下没有不散的筵席”，这类语言的使用越是频繁，越说明说话者内心深处的危机感，已到了无处排遣的地步。

2012 年的“上海书展”前，上海辞书出版社出版了我的一本《骆意不绝》。那时，我还在主持东方卫视的《百里挑一》和《东方直播室》这两个重要栏目。既然在书名中自称“不绝”，无论出版机构还是我，总还是希望这个“意”可以接续下去。

但是，人生就是充满戏剧性——才短短几年，随着互联网内容产业的崛起，传统的电视领域，就以“一发不可收拾”的状态全线溃退，除了电视剧和真人秀节目，似乎还能继续保持着“现象级”的市场热度之外，很多新闻、综艺、专题或其他服务类节目……都显得“溃不成军”。连我这个已经习惯忙碌了近二十年的电视主持人，也在 2016 年开始体会“半赋闲”的状态究竟是什么滋味。

好在对此我早有心理准备。在骨子里，我一直和周遭的人群，保持某种疏离感，毕竟我的记者职业，令我对人性持有相当程度的怀疑；另一个方面，我也努力让自己摆脱各种虚幻的名誉、头衔，毕竟“由俭入奢易，由奢入俭难”！

我的座右铭，一贯是八个字——“找到自己，学会告别”，其实，我也是在不断地提醒自己：任何事物，都会有它的巅峰和低谷，那么，就让它在最好的时候结束吧！

实际上，我绝不是一个极度的悲观主义者或者乐观主义者，无论情绪还是行为，我认为“适度”即可。这就像是儒家所说的“中庸”：“允执厥中”；佛家所说“中道”：凡事不对立。

唯有以这样的思维方式，来看待并处理问题，讨论问题，你才会努力追求克制、理性，才不至于因为一己之私，对他人，包括对自己造成伤害。

这也是《Look 骆课》一书选收这几年文字和演讲的标准。与其说，这些是我在给读者上课，倒不如说，这是在大环境的逼迫下，我对自身进行修炼的“功课”！毕竟，“人之患在好为人师”！

在人类历史上，能真正令我钦佩的英雄人物，绝大多数，并不是“宜将剩勇追穷寇”的得意之士，而恰恰是明知败局已定，但依然内心安定，抱定“匹夫不可夺志”的理念，能把人生功课做到扎实的文天祥、史可法等。

这个市场机会众多、社会转型剧烈、人的内心动荡不安的大时代，也最考验人性的程度！实际上，面对巨大的行业危机乃至人性危机，在悲观中依然能够流露出的乐观，就是“路遥知马力，日久见人心”。

我心疼那个童年的我

1925 年，艾伯特王子——英国国王乔治五世的二儿子，被父王要求在伦敦温布利的大英帝国展览会上致闭幕词。场内外静静等待着艾伯特的初次亮相。可是，广播里只听得他的结巴声“……我……有事宣布……”，“……我承诺……”二十秒吐不出一个词。

影片《国王的演讲》中，演员科林·费斯表现出了艾伯特那深深的沮丧、挫败、紧张和屈辱感……

“是这样的。”骆新同意那种感受，他曾深刻体会。即使在他已做主持人的现在，谈话中有时也会有一些结巴。

结巴是什么时候开始的，最初为什么会这样？骆新愿意回头看看，过去的自己。

朋友的朋友

骆新是上一期《读照片》主人公陈辰的朋友。

■ 陈辰看骆新：

骆新是一个有抱负、有一些理想的人，一个文艺男中年。我觉得他是有一些真诚和理想没有放下的人，所以会活得不轻松，但是比较真实。

■ 骆新看陈辰的评价：

我觉得她说的是对的。我和陈辰接触差不多十年了，刚接触她的时候我是一个节目的导演，她是我的主持人。那时她对我的一些想法提出疑问：你为什么不这样，你为什么不那样？但是十年过去了，她越来越能够理解我。

留影是一件痛苦的事

骆新的照片很少。

童年、少年、青年时期的照片，只有寥寥几张，其他只是由旁人拍的一些工作照。他不喜欢拍照。

这是一个自童年而来的习惯。“我从小就拍得少，因为没有人给你拍。”上小学之前，骆新不得不离开父母在杭州祖父母身边生活，老人没有照相机。回到北京和父母在一起生活后不久，父亲就得病了，是癌症。所以骆新小时候的记忆，就是熬中药，扒蜈蚣皮，制作蝉蜕，晒各种各样的昆虫，这是他人所提供的治病偏方。“那时谁还顾得上拍照片啊。照相往往是在人比较愉快的时候，愿意留下一个美好的记忆，谁愿意在临死的时候说，你给我拍张照片，没人愿意干这事。在你家庭出现巨大变动的时候，没有人会愿意拍照片。留影是一件很痛苦的事，不管什么情况下留影，我都觉得很难笑得出来，后来我就拒绝拍照片。这个习惯到今天为止一直都保留着。”

骆新和父亲的合影很少，这就像在他的成长过程中父亲的角色一直缺失着一样。父亲临死前全家拍过一张合影，但后来找不到了，照片中父亲的脸瘦削、变形，骆新估计是母亲看着难受，给烧掉了。“有时候看到这些留影，我自己觉得不舒服，它们会提醒你那些痛苦的回忆。”

星期日周刊记者（以下简称“星期日”）：整理老照片的过程，也是整理过往经历的过程，在此期间，你的感受是什么？

骆新：我自己总结过人生，前十年基本是颠沛流离。我一岁不到，父母就被发配到山西屯留的干校，接受劳动改造。上幼儿园的时候我就必须被送到杭州爷爷奶奶家，直到上小学的时候才回北京。可回到父母身边才一年，父亲就生病了。

我13岁时父亲去世，在男性的层面上我得到的关照和教育少了很多，是母亲拉扯着我和弟弟长大，所以我知道人间的冷暖艰辛。但在面对很多人生难题的时候，我必须得承认，我缺少一些男人应该有的胆量，有时我会往回缩。

星期日：所以在整个成长经历中父亲在你的生活当中起的作用，是很少的。

骆新：对，13 岁的时候恰恰是人格成长中最需要父亲的时候。我性格当中有一些女性的敏感，这跟我后来考戏剧学院也有一定的关系。我缺乏一些男性的粗线条，这是直到我结了婚生了孩子，经过社会的艰苦磨炼，才给磨炼出来的。

星期日：父亲早逝对你的影响是什么？

骆新：我知道什么叫贫困。跟同龄的孩子相比，我的家庭状况是最糟糕的，也几乎不穿新衣服，我母亲当时在机关里工资比较低，我父亲的比较高，他死了之后马上就家道中落，和鲁迅所说的特别像。

星期日：这个前后比较是非常明显的。

骆新：非常明显。还有一点明显的就是，我从小为什么对很多情感比较敏感，因为我那时发现寡妇门前真是是非多。父亲去世的时候，母亲年纪不大，40 岁不到，所以会有一些男人上门来骚扰，那时我才十二三岁，没有能力去反抗。

星期日：但是你内心很愤怒？

骆新：我的内心非常气愤，我有时候会自个儿在一个小屋里拿把木头刀，说谁要再来捣乱我就拿刀去砍他。这种不平之气从小就特别明显。

星期日：这些不平之气都在心里？

骆新：都在心里，没有人诉说。

星期日：母亲会跟你表达她的委屈吗？

骆新：不太会，经过“文革”的人都比较坚强，他们都不太说，好多事就自个儿一个人忍了。我母亲偶尔会跟我说起，但是大部分时候，为了让我们兄弟俩好好去上学，不太愿意跟我提这些事。

星期日：你在家里是老大，父亲去世了，你是否要承担很多家庭责任？

骆新：当然了，为了挣点钱我很早就出去打工了。那时我想挣点钱贴补家用，可不知道干什么。邻居中有一个姓赵的师傅，在我们院门口修自行车，手艺很好，他对我说：“寒暑假没事的话你来跟我学修自行车。”我听他的话，假期里都抽时间去。我家住在北京二环一个拐角的地方，那边总有坏的自行车，我在那里看着，心想这修车生意还真好。可是真干起来就不行了，经常被客户臭骂一通。我现在还记得那时有人喊：“老赵你找了个什么人，这个是你徒弟啊？”“滚蛋，叫你师父来！”我老是被他们轰来轰去的，觉得脸都红了，其实我想跟他们说我不是修自行车的，我还是一个高中生呢，可我不好意思说。

星期日：这些感受是很细腻的。

骆新：是的，受到了社会上各种白眼和嘲讽。我修得不好，稍微慢一点，补胎的时候要把外胎弄下来，手上没劲是不行的，我当时确实是没劲，那人就特别生气，在那儿骂。我心里可难受了，我想我怎么那么笨。之后我回到家里就开始练铁砂掌，希望手劲能大一点。还真别说，修自行车使得我手的力量比一般人都要大。补了一段时间，也挣了点钱，我发现赵师傅并不是让我帮他去挣钱，他是想用这种方式给我家钱，到今天我都特别感谢他。

星期日：自尊感是很强的，如果直接给你钱，这种感觉是很不好的。

骆新：那肯定是，我们当然不愿意接受这样的方式。后来家里条件到我高中时稍微改善了一点，因为母亲再婚。

星期日：家里有一个男人的感觉是怎么样的，他能承担父亲的角色吗？

骆新：我不太愿意跟继父去要钱，我还是愿意自己去挣点钱。我觉得和他有点生疏。继父是北京旗人的后代，所以生活习惯上和我们有很多不一样的地方，我认为跟他隔着一层。我对人群的疏离感是我从家庭内部就开始的。

星期日：那少年时期在家庭里面，是不是觉得很孤独？

骆新：很孤独。我到今天都还存活在孤独中。

小时候我是结巴

骆新现在是一名主持人，但是结巴这一件事，曾在少年和青年时期深深地困扰着他。

出生的时候，他脐带绕颈，难产，这让他内心紧张、焦虑。童年时，南北两地居住，让他一直是一名外来者。

现在 40 多岁的骆新回看那个小小的自己，很心疼他。

星期日：你说小时候有一段时期离开父母，来到爷爷奶奶家，那时你有分离焦虑吗？

骆新：有，你突然发现父母不在身边了，只有爷爷奶奶在身边，这是很不习惯的。但是我祖父对我影响还是很大的，他是民国时期的知识分子，为我提供了很多教育理念。他让我很小就开始读《论语》，他本人以前是一名画家，对中国的古典书画有不少了解，我因此也受了熏陶。

星期日：在祖父母家生活的时候会想父母吗？

骆新：会想，但是我能够很长时间地忍受孤独和思念，这么多年来我已经不太会哭了。我会心里很难受，但是我不太会当着别人的面表现出来。大概是小时候老被人欺负的缘故，我学会了忍。在杭州上小学就我一个是北京人，说一口京腔。我听不懂别人的话，别人就嘲笑我。在北京的时候，父亲在机关大院被打倒以后，周围都是熟人，一下子人就臭了，你父亲是"反革命"，所有人都欺负你，"反革命"的狗崽子肯定会被揍。所以我从小就是处于被欺负的状态，我小时候为什么结巴，就是因为内心自卑而且老受打击。

星期日：那时看到了很多人性的恶。

骆新：人性太恶了。我小时候被周围小朋友打，后来也导致我有一些习惯，你打我，我也打你。我报复心很重，脾气也很刚烈，前段时间初中同学聚会，他们回忆起我来，说我在球场上特别不要命，我是靠身体的冲撞去获得成功的。这和我小时候的经历是有关系的，我知道躲无可躲、藏无可藏时，必须要去面对这个事，没办法了。

星期日：那些难受委屈的感受非常细腻，但是你又掩藏这些，是这样吗？

骆新：对，我的壳特别坚硬，但是我内心极其敏感和脆弱。

星期日：自己长时间地忍受孤独，不说出来，也不表现出来吗？

骆新：不说出来，我很少说。

星期日：那你怎么排遣这种孤独呢？

骆新：我自己会在书籍当中去做一点排遣，我发现自古以来所有文人都是孤独的。我喜欢苏东坡就是因为这个原因，苏东坡很多诗句都能让我感觉到那种孤独。祖父曾经是画国画的，他引导我看很多唐诗宋词，我喜欢苏东坡的词是因为我觉得他虽然困顿，但是又很豁达。

星期日：在杭州你是一个外来者，到北京依然如此？

骆新：到北京后也是一个外来者，我是在杭州上到小学二年级才回北京的。转校突然进入，大伙对我有点陌生，说你怎么跟我们有点不一样，我们说的东西你怎么不感兴趣，我也努力地想尽各种方式，想去融入他们当中，但是我发现我确实很难融入。

星期日：你是什么时候发现自己口吃的？

骆新：很早，就是我们家被抄家以后，我受了很大的打击。我出生的时候脐带绕颈，差点死了，小时候出生因为难产，脐带绕颈、窒息，会有一种内心的紧张跟焦虑。敏感、脆弱、有窒息感，担心被抛弃，担心被这个社会的爱所遗忘，希望被别人用更多的爱去呵护。

星期日：所以说你小时候出生的经历，内心紧张焦虑，和结巴有关系？

骆新：有。语言上的不顺，一方面跟小时候这种心理有关系，第二肯定也跟两地来回地奔跑有关系，这个奔波会导致语言功能突然间丧失，到了杭州你跟不上，到北京你又跟不上了，越来越加剧。

星期日：那时，结巴这个事情对你来说是一个很大的焦虑。

骆新：我觉得那是一个太大的障碍，也是我后来考中央戏剧学院戏曲文学系的原因，因为我觉得那个专业不用说话，写东西就可以了。我的结巴一直保留了很长时间，可能做了电视以后会稍微好一些，不过它不太容易一下就改变过来，都是慢慢来的。人到 40 岁以后，内心有一点平静了，你对自卑的那种敏感度会降低很多，你才会忘记了自己是个结巴。有时候我做节目的时候也会有点。

星期日：从小时候到 20 多岁的时候，对自卑的敏感度还是蛮高的？

骆新：挺高的。因为我内心以前有点尊严，小时候老是觉得被这个社会抛弃了，被家族给抛弃了。我长期没有跟父母在一起生活，好不容易回到北京，父亲就得癌症了，生病三年，当时家人对一个孩子应有的爱，我觉得全放在父亲身上了，我又没有了。

星期日：现在40多岁的骆新回头看那个小骆新，有什么样的感受？心疼他吗？

骆新：我心疼的，如果有可能的话，我不会让他受这样多的折磨，如果能去拯救他的话。在那时，生活中有基本温饱，但是缺少足够的少年的快乐。那时没有玩伴，你觉得是快乐的吗？我记得我小的时候好像有一个玩伴，叫孔文豪，除了这个玩伴，我没找到其他的玩伴。

恐惧阻挡我和世界的交流

星期日：童年有很多痛苦，它们对你的影响是什么？

骆新：就性格来说，我天生是一个自卑而内向的人。我一直和人群保持一定的疏离感。我很少参加聚会。如果是超过五六人的饭局，有一半人我不认识，我就会非常委婉地跟对方说，算了，我就不去了。我不太愿意参加公众式的活动。痛苦还有另一种影响。在我少年时期，我常常给各家报社杂志投稿，希望把自己的文字变成铅字印刷，那时在报上发表一篇文章，是令人艳羡的。我做这些事情是想被别人关注一下，想要得到这个社会的承认。那些痛苦或者不顺的经历，没有把我给打倒，我希望去证明一下。人永远是要克制自己的恐惧，我想挑战一下。我为什么要当主持人，不是我自己热衷于当主持人，我觉得这是我对自己的一个挑战，我知道自己不行，就非要去挑战一下不可，通过这种挑战来获得力量，越恐惧，就越要去挑战。包括我洗澡，我不愿意用莲蓬头冲脸，一冲又唤起我出生时的窒息感，但我现在努力拿喷头冲自己，去体会这种感觉。

星期日：对有的人来说，认识到自己害怕这件事情就好了，这代表自己能清楚地认识自己。可你对于害怕的事情为什么还要去做呢？就相当于用鞭子抽着自己，逼迫自己？

骆新：我觉得人总是通过痛苦来拉伸自己思考的维度。如果你发现你的思维广度由于这种痛苦和恐惧，而不能够走到更远的地方，就需要克服这个无形的障碍，只有这样我才能够走到人生更远的地方，去感受别人看不到的风景。我就跟你举个例子，前段时间我们一些主持人去台湾，我没有和同伴一起骑自行车，我自己骑，一直骑到杳无人烟的地方。天要下雨了，旁边荒草萋萋，没有任何人。当时我觉得很恐惧，万一有一个人出来把我给拦了，或者我车坏了，回都回不去。我一个人推着自行车往山上走的时候，那种恐惧感你是想象不到的。但我得试试。就像小时候我为了自我克服，在北京冬天风刮得特别大的时候，我就站在楼道口，面对着风口站着，我要站在那个风口感受一下喘不上气来的那种感觉，就像被人掐着脖子一样。

星期日：为什么小时候就要开始做这样的事，我现在想要探究的是，你为什么会有这样的习惯？

骆新：因为恐惧阻挡了我的前进。恐惧阻挡了我跟这个世界的交流，我需要跟这个世界去交流，我想了解一些，但是我连个问题都提不出来，我怎么和他人交流。人长得越大，就会发现你对世界的求知欲越来越强，但是恐惧导致了求知欲没法去实现，当然要去试一试，我觉得必须得克服一下。

星期日：但是这样不断地给自己施压，是不是焦虑感会更强？

骆新：会焦虑，我承认我非常焦虑。

星期日：焦虑有什么表现？

骆新：有的时候会动作失衡，有的时候会过分地强调自己的成功，也会撒谎。明明这个事不能干，我非要说我能干，夸下海口。有很多这样的事，最后这事没完成，被大伙笑话了一下。

星期日：然后更加积累了自卑感。

骆新：对。人都是一方面你看似要追求自尊，另一方面更强化了你的自卑。

星期日：在你有孤独、恐惧等感受的时候，你会忍住，这样会不会觉得委屈自己？

骆新：我到现在40多岁了就不需要忍耐了，我知道如何去看待它。忍的概念是你把它当成一个敌人，现在我会更平和地去看待它，这跟我小时候的忍是不一样的，小时候可能还在忍，现在我会愿意和它去共处，我面对这个现实，可能会变得更平和一些。

（本文为《新闻晨报·星期日周刊》记者顾筝对骆新的专访）

“在震怒与不悦之间”

今年夏天，上海的天气像极了小姑娘的心情，忽冷乍热。

天气再多变，骆新也不需要太多考虑穿着：西装里衬衣扣子扣到倒数第二颗，黑色西裤配上锃亮的皮鞋。他已经习惯平时也穿标准“工作装”方便赶演播厅，也开始慢慢接受上台前让工作人员简单化一下妆。

骆新说自己是在《百里挑一》后才被观众所熟识，“如果一直做新闻，还未必有多少人认得我”。

荧屏之外，骆新根本不想做名人，他喜欢身边的人称呼他“骆总”。

“骆总”不是指骆新是领导，而是因为他是东方卫视创意总监，“我更喜欢幕后，有技巧地、睿智地去碰那些看似敏感的问题，这才是我的武功”。

幕后到台前

45 岁的骆新绝对算得上东方卫视的当家主持人，《东方直播室》《百里挑一》《谁能百里挑一》《谁是大擂主》

一周四档节目，让骆新彻彻底底从幕后走到了台前。

2003年加入东方卫视成为首席记者，骆新便开始在以“硬新闻”见长的东方卫视寻找自己发挥的空间，他先后参与创办了《看东方》《东方午新闻》《东方夜新闻》等新闻栏目，更担任多档节目的评论员。

最初，骆新只是每天在电视上出现5分钟。5分钟的评论直播却要求骆新提炼当天新闻里最精华的部分。他凌晨四点就要开始准备，看27份报纸和各种网络新闻，打仗一样的日子过了三年。

这三年，骆新一共写了300多万字的评论。“为了写评论，我把自己关在办公室里冥思苦想，一个有分量的结尾，我会憋上一两个小时。”骆新的评论给观众留下了言语睿智、视角独特的荧幕印象。

2010年3月，《东方直播室》开播。

《东方直播室》定位为一档邀请新闻当事人到演播厅探讨社会热点话题的新闻专题类节目，这对于东方卫视而言是一次新闻“软着陆”的尝试，骆新成了主持人的不二人选。

走向台前的骆新也显得颇为“强势”，“我一定是现场的总导演，就是说真正现场的流程、情绪的把控，一定是由我去把控”。《东方直播室》八成以上的选题是骆新参与策划的，每次录像之前，他都和编导一起构思一些台本。“我要让这个节目更长期地发展下去，而不是我躺在编导给我搭好的床上去睡觉。”

节目组有的时候也很挠头。骆新会坚持“小区业主委员会”这样乏人问津的选题，“因为公民有必要知道”，但这样的节目收视率往往惨淡；他会让运狗司机在节目中说自己生活的无奈处境，“因为这个世界不是非黑即白的”，后果却是招来骂声一片；他会在嘉宾吵得火热时让双方停下，“因为我们不仅需要情绪，更需要解决”，却从来也不关心现场火爆对观众的刺激。

《东方直播室》制片人任静说，“骆新很少考虑节目的收视率，他更在乎节目传达的内容”。但同时段前四的收视率也算是回报了骆新的选择，“虽然团队顶着压力，但也必须有所取舍”。

让任静万万没想到的是，2012 年限娱令实施后，东方卫视几乎没有受到任何冲击，《东方直播室》更成了所有地方电视台的楷模，接待友台交流学习成了 2012 年“直播室”的“主旋律”。2012 年年底，台里安排骆新接棒主持《百里挑一》，今年又新添了《谁是大擂主》，如今他不得不像陀螺一样在各个演播室间打转。

“有本事安全地做出来”

骆新向后靠在沙发椅背上，语速仍然极其快，语气却十分平和，“虽然已经不太可能，但有时还是会想成为优秀的记者”。

《东方直播室》自开播起就充满了骆新的影子，虽然忙碌，他还是不会放弃把关节目的选题和策划。

被骂得最凶的“运狗司机”那一期节目却是骆新最得意的一期。

动物保护组织在京哈高速公路拦截运狗车引起社会极大轰动，但运狗司机郝小毛始终没有出面说话。郝小毛当时被网友“人肉”，已经一连三四个月没活儿干。节目组找到郝小毛时，他好不容易有了个活儿，不愿到上海来。

骆新再三坚持，一定要请到郝小毛本人。他把录该期节目的所有津贴捐出来，让节目组最大限度筹钱，还专程派记者到郝小毛老家河南焦作，终于用诚意打动了郝小毛。

运狗司机这一来，现场气氛立刻火了起来。

拦狗是不是违规？吃狗肉是否合法？什么样的狗可以吃？……节目现场吃狗肉支持者和动物保护者唇枪舌剑。正在白热化阶段时，骆新又请深度调查记者抛出一个新问题：市场上的大部分狗肉来源是偷盗，在卫生防疫上还是空白。

如今再回忆那一期节目，骆新说之所以如此坚持，是不想缺失任何一方的声音，“很多动物保护者的习惯是非黑即白，而这个社会的很多观点同样是非黑即白。至少得让社会明白，除了支持和反对之外，还有一种态度叫我不反对吃狗肉，但不代表我支持虐待狗。我们拍了郝小毛一家人，就是要让大家知道，多少人以运狗贩狗为生，你要阻拦他们的行为，是否为他们找到了替代的办法？只是出于简单道义的抗议，你只见到了世界的一面”。

骆新常常跟团队讲他们做节目的原则：第一，要敢于去触碰所谓的敏感问题；第二，敢于表达一些不同于常人的观点；第三，可以提供不同于一般媒体所报道的特殊视角。

“不是要去触碰什么政治底线，但是有这个胆量，有这个本事，再敏感的问题，再复杂的事件，也要有本事安全做出来。”

骆新刚到东方卫视时，时任东方卫视台长的陈梁和他讨论过做节目的选择，“上海的媒体会有大的变化”。

“上层能有这种理想，我们这些人才会跟着来”，骆新坚信东方卫视能够容忍他的新闻理想。十年前，上海文广前总裁黎瑞刚创办东方卫视时，骆新还是中央电视台炙手可热的节目编导，担任过《正大综艺》《半边天》《当代工人》《影视同期声》等栏目的编导、主编、主持人。1998年时，骆新把演播室搬到工厂车间的一次改版让《当代工人》栏目收视率翻了十倍，他把节目的视角转到了社会变革下企业职工的切身利益，“《当代工人》所要描述的不仅仅是个体或者一两个企业的悲喜剧，而是要在社会大变革的背景下，探讨这种‘悲喜’的意义”。

也许，那一次的成功正是骆新修炼武功的开始，但在真正选择加入东方卫视后，他才明白真正的修炼一定是在地方电视台。

“在震怒与不悦之间”

“尽管东方卫视创台至今，新闻栏目的节目体量一直是全国卫视最高的，也是唯一一家新闻栏目首播时间长于其他类型节目的卫视频道，但在一个非中央系统的媒体，想要真正做到新闻立台，难度之大是可以想象的。”

有过多年幕后经历的骆新心里清楚，东方卫视既没有央视的政策、资源、区位优势，又不能像凤凰台那样打政策擦边球，他要走的新闻路其实走得并不轻松。

最初，骆新和同事们能做的就是抢到最多的独家直播。

提起自己参与过的东方卫视那些经典的“直播段子”，骆新整个人都兴奋了起来。

2003 年 10 月 26 日那天，东方卫视独家直播 18 头麋鹿被野生放养的全过程。“那个时候还没有电视台愿意这么做啊，这是迄今历史上规模最大的麋鹿野生放养活动，我们直播了。”

2003 年 10 月，神舟五号飞船发射，东方卫视新闻直播；2003 年 12 月，温家宝总理第一次访美，国家领导人出访直播；2004 年 11 月直播美国大选；2005 年 4 月 9 日直播英国王储查尔斯婚礼……东方卫视一次又一次开地方电视台直播先河，骆新显得颇为自豪，“东方卫视会有现在的国际视野，当初的那些新闻人功不可没”。

“当然，国际视野也是退而求其次的选择。”国内重要新闻，并非东方卫视要放弃的领域。“地方媒体受到天然的屏蔽，比如异地报道。得承认现实，不可能让我们去拼这个”，骆新对自己开启的话题却又讳莫如深，“为什么所有电视台都会对灾难报道趋之若鹜，因为只有在大灾大难面前新闻才是百无禁忌的”。

比起创台之初 6 个小时的新闻首播时间，如今东方卫视新闻类节目首播时间是 4 个半小时，“大多数时候，新闻不得不退为戏剧、综艺之后的第三阵营”。

《东方直播室》算在 4 个半小时的新闻类节目时间里，但在骆新看来，那并不是纯粹的新闻节目，他一直把辩论形式当作一件新闻事件的保护衣，确保他和他的节目是安全的，“所有的表达都是嘉宾的立场，我们只是客观呈现”。

“如果输掉了安全这条底线，你的新闻理想只能是零”，台前幕后的骆新一直在拿捏尺度，“保证安全的前提下，最少地进行自我阉割”。

“你从来没有踩过线？”

“踩线一次我就完蛋，我经常是把握自己在审查者震怒和不悦之间。”

耐得住寂寞

骆新的人生中也并不是从没有踩过线，而且那一次失去的甚至可能是生命。

2000 年冬天，骆新曾被两名劫匪围攻，身中数刀住进医院。而当时前胸一刀没有刺入身体，是因为西装左边内口袋里放着母亲当天早上给他的一盒友谊牌擦脸油。

这一刀正刺中油盒，救了骆新一命。

这件事儿轰动了当时的媒体圈，有人说："哪里是抢劫，分明是你长期做调查类报道和批评，得罪了人，这是典型的仇杀！"

骆新摊开手，抢夺歹徒凶器时留下的伤痕至今还刻在掌心，早就过了不惑之年的骆新如今工作环境变了，接触的人也变了。"不会再吃皮肉之苦，但见到的越多，内心的挣扎和无力感也就越大，这远远不是当时体力的辛苦可比的。"

五年前，骆新成为上海市政协委员，他发现自己进入一个很有意思的地方。

"大量的学者、工程师都在这，政府部门的人会在这个地方，他们跟我说出很多实话，为什么出台这个政策，而向这个方向走，不向那个方向走"。骆新听到更多的却是背后的难言之隐，比如说中央和地方的政策，经济发展和制约，"这个时候我突然发现，只做一个媒体人简单批评他们是不合理的，他们也想了很多东西，80%不能够释放给公众，公众并不知道。所以我站在这个位置以后，有机会去了解和理解他们”。

骆新说自己并没有改变立场，只是变得平和，“仍然对他们的行为感到不太满意，但必须得先掌握他们的思路，然后我达成一个新的逻辑再跟他们对抗”。

如今，骆新忙碌的生活中又多了一项新的任务，他要求自己给心中的“不平事”写政协提案。接受采访当日，骆新提交了“公交专用线”提案，“在我想出有建设性的方案之前，不去抱怨别人。我不希望成为什么名人，我也不希望成为大牌的新闻主播和评论员，只要我所在的媒体能够让人们在社会事务当中学会用另外一个角度看问题，能够学会用一种更理性的方式看问题，我认为这就是对社会的推进”。

很多时候，节目里的平和中立会让骆新受到网友的攻击。“这是他们的权利。我不找骂，但我不怕骂。”骆新说自己更愿意跟他们面对面地对话，以更温和的方式去探讨一个事件，在非情绪化的方向上去探讨一件事情，“这恰恰是当代中国最缺乏的”。

近几年，骆新很少参加聚会，连电视台的年夜饭他也基本没去过，身边人的眼中骆新并不是一个不合群的人。“我只是在要求自己可以耐得住寂寞。”

（本文为《中国周刊》记者闫小青对骆新的采访）

《黄河大合唱》不应该被删去的第一章

2009年9月19日，由我供职的上海东方卫视、SMG艺术人文频道领衔制作，跨越黄河流域九省、自治区的数万人《黄河大合唱》直播了。

一个没有堪称经典的伟大合唱作品的民族，算不上是伟大的民族。

近代最具文化底蕴的李叔同（弘一法师），生前除了在诗、书、画和佛教的造诣之外，还专门潜心推广合唱，创作了60多首合唱作品，我们所熟悉的“长亭外、古道边、芳草碧连天”，就是他借用美国民间音乐而填的词。

因为要制作这个节目，我采访了光未然（张光年）先生的女儿张安迪女士，她告诉我，光未然创作的八个章节的《黄河》组诗，其实他本人最喜欢的一段是第一章《黄河之水天上来》。在谱写《黄河大合唱》时，因为光未然写的这一段的文字最多，冼星海也就充分尊重了诗作的原意，将它配写了三弦伴奏的诗朗诵。这种独具匠心的伴奏方式，也是《黄河大合唱》整体演出中不可分割的一部分，所以除《序曲》之外，《黄河大合唱》的这八个章节，各有特色，合唱、齐唱、独唱（男中音、女高音）、对唱与诗朗诵兼具，既反映了冼星海不“因形害义”、不拘泥于任何定势的创作思路，也形成了《黄河大合唱》在音乐史上独特的艺术风格。但是，非常遗憾的是，目前绝大多数《黄河大合唱》的演出版本中，这个唯一的长诗朗诵，却总被莫名其妙地删去，这回也不例外——这样《黄河大合唱》完整的八章，也就被减为了七章，我个人认为，这样做不妥，也是一种对艺术作品完整性的亵渎……

另外，还有几个具有历史意义的小细节需要补充——

冼星海手稿中《黄河船夫曲》的第一段，“划哟，冲上前；划哟，冲上前”，现在被处理成“划哟”与“冲上前”等同的节奏和旋律，冼星海先生的女儿冼妮娜女士认为，原稿中“划哟”是个较高亢三连音（因我不会标注简谱，故无法展示区别），中间亦有略微的停顿，更体现了船夫中领船人的从容不迫，而后来1957年后中央乐团演出的版本，却将此改掉，显得紧张有余而从容不足。

现年70多岁的钢琴家刘诗昆告诉我，他1996年在长城上正式演出《黄河协奏曲》之前，他一直是拒绝弹奏该作品的。原因是：“文革”前期，他被江青迫害，投入北京秦城监狱长达五年，后来得毛泽东“钦点”“解放”，但七年中，几乎没有摸过钢琴。恰巧的是，“文革”时由于词作者光未然被批斗，江青领导的中央文革小组决定：《黄河大合唱》不得再继续演出。但江青也说了一句话：“词不能唱了，但曲子还是好的嘛。”所以，殷承宗、刘庄等六人便“奉命”写出了钢琴协奏曲《黄河》（其中，亦大量加上《东方红》和《国际歌》的元素）。按照刘诗昆的说法，姚文元还认为，《黄水谣》一曲中，表现沦陷区苦难的部分听起来太多了，要尽量地压缩去除，要更突出延安解放区，所以，该段开始就是笛子演奏的一段陕北旋律……

彼时秦城监狱周边的人民公社，大喇叭里每天都播放钢琴协奏曲《黄河》，这个旋律给刘诗昆留下的记忆，就是铁窗中的痛苦。1973 年左右，被释放后他被指派去中央乐团，在初到排练场时，全体乐手们都期待能看到，这个近七年没有弹过钢琴的钢琴家，会在钢琴上弹出什么样的旋律。刘诗昆告诉我：当时除了样板戏，其他什么都不敢演奏，怕再有政治问题，而适于钢琴演奏的，除了钢琴伴唱《红灯记》之外，就是《黄河》，但《红灯记》需要京剧演员配合，而那一刻的条件不具备，所以，他坐下来，很本能地弹奏出了《黄河》——由于刘在演奏方面的“童子功”极好，在没有曲谱的情况下，他竟然能够极其完整地默弹出来，令举座皆惊……对于这位钢琴家而言，这里面都存留着什么样的个中况味呢？

黄河之水天上来

黄河！我们要学习你的榜样，像你一样的伟大坚强。

这里，我们要在你的面前，献一首长诗，哭诉我们民族的灾难。

（配乐诗朗诵，三弦伴奏）

黄河之水天上来！

排山倒海，汹涌澎湃，奔腾叫啸，使人肝胆破裂！

它是中国的大动脉，在它的周身，奔流着民族的热血。

红日高照，水上金光迸裂。

月出东山，河面银光似雪。

它震动着，跳跃着，像一条飞龙，

日行千里，注入浩浩的东海。

虎口龙门，摆成天上的奇阵；

人，不敢在它的身边挨近，

就是毒龙，也不敢在水底存身。

在十里路外，仰望着它的浓烟上升，

像烧着漫天大火，使你感到热血沸腾；

其实，凉气逼来，你会周身感到寒冷。

它呻吟着，震荡着，发出十万万匹马力，摇动了地壳，冲散了天上的乌云。

啊，黄河！河中之王！

它是一匹疯狂的猛兽，发起怒来，赛过千万条毒蟒，它要作浪兴波，冲破人间的堤防；

于是，黄河两岸，遭到可怕的灾殃：

它吞食了两岸的人民，削平了数百里外的村庄，

使千百万同胞、扶老携幼，流亡他乡，挣扎在饥饿线上，死亡线上！

如今，两岸的人民，又受到了空前的灾难：

东方的海盗，在亚洲的原野，伸张着杀人的毒焰；

于是饥饿和死亡，像黑热病一样，在黄河的两岸传染！

啊，黄河！

你抚育着我们民族的成长：

你亲眼看见，这五千年来的古国，遭受过多少灾难！

自古以来，在黄河边上，展开了无数血战——

让垒垒白骨，堆满你的河身；殷殷鲜血，染红你的河面！

但你从没有看见，敌人的残暴，如同今天这般；

也从来没有看见，黄帝的子孙，像今天这样，开始了全国动员。

在黄河两岸，游击兵团，野战兵团，星罗棋布，散布在敌人后面；

在万山丛中，在青纱帐里，展开了英勇血战！

啊，黄河！

你记载着我们民族的年代，

古往今来，在你的身边，兴起了多少英雄豪杰！

但是，你从不曾看见——四万万同胞，像今天这样，

团结得如钢似铁；

千百万民族英雄，为了保卫祖国，洒尽他们的热血；

英雄的故事，像黄河怒涛，山岳般地壮烈！

啊，黄河！

你可曾听见：在你的身旁响彻了胜利的凯歌？

你可曾看见：祖国的铁军，在敌人后方，布成了地网天罗？

他们把守着黄河两岸，不让敌人渡过！

他们要把疯狂的敌人，埋葬在滚滚的黄河！

啊，黄河！

你奔流着，怒吼着，

替法西斯的恶魔，唱着灭亡的葬歌！

你怒吼着，叫啸着，

向着祖国的原野，响应我们伟大民族的胜利的凯歌！

“反腐”不能成为反腐机构的专利

2013年，香港廉政公署人员在内地访问期间，给当地司法机关的官员馈赠了价值几千元的小熊饼干，此事被香港媒体披露，引发了香港市民的抗议游行。港府责令廉政公署调查，终令还时任全国政协委员的廉署官员汤显明落马，并查出汤多年来“酬酢”金额，竟高达几十万港币之巨。“饼干事件”发生后，廉署深刻检讨送礼安排，发布规定，今后出访或接待，“不交换及送赠礼物，如实在不能避免，会采用象征廉署或刻有廉署印章的物品（例如大楼模型），并规定每个机构只能送赠一份”。

此事令我感触最多的，有三点：一、廉政公署竟也会被媒体紧盯，而且能将问题及时公开披露；二、香港市民对此有表达不满的法律权利；三、廉署的处理不仅是针对具体当事人，更是着力在重建制度上下功夫。而反观内地，政府部门一旦出事，就先急着撤免当事人，把问题一股脑儿全推给个人的“品质败坏”，但对权力制衡缺失、制度漏洞扩大的现实问题，常常闭口不谈，讳疾忌医，这也是当前反腐败的一大软肋。

其实，“饼干事件”实际上还有着“礼尚往来”的另一层鲜为人知的原因：此前内地某司法机构赴港，曾送人家一块价值几十万元的灵璧石做“镇邪之礼”——同样花财政的钱，对这一点，我们可曾有半点知晓？

中央颁布八项规定之后，政府公款消费、奢靡之风明显有所收敛，但看似严格的支出审核，依然存在各种漏洞。房地产商潘石屹曾对我说，他的公司从来不在招待费上设立限额，餐费发票，来了就报，但所有人的宴请，必须注明时间、地点和参加的具体人，而且，须在内网上全部公开，由全国上万名员工监督，一旦有人发现有报假账并被举报查实，当事人马上受到严厉处罚。直至今日，从未有人敢于饕餮，招待费用所占经营成本之低，简直令许多人不敢相信。这就叫“晒晒阳光，不生虫子”。

舆论监督，是除司法、行政监督之外，查证腐败成本最低、效果最快的一种方式。特别是在互联网大数据时代，每个人都可以是信息的提供者，一部拍照手机、一个ID账号，对违法犯罪者具有天然的威慑力。但遗憾的是，由于长年的管制思维所养成的习惯，导致某些领导特别惧怕“家丑外扬”，竭力封堵信息，甚至主张“不许异地监督”——异地媒体不能监督，难道本地媒体就能监督？要知道，即便是纪委的同级监督，都难于上青天——近20多年来，我们所查处的所有贪腐案件，几乎没有一件是同级纪委率先查出的！

对于真相和历史的还原，不仅是反腐败的需要，更是人类建立制度的前提，其中有一项决定性的指标，就是媒体的独立性和自由度。马克思早在近200年前，就准确地描述了媒体的功用：监测社会，监督政府。今天的上海，更没有理由，不率先释放媒体的活力，鼓励，或者说是激励专业的新闻媒体，介入各类重大事件和重大工程的采访、调查、报道。

马航失联事件，我们可以清晰地看到，发达国家的媒体是如何利用自身的专业素质披露事实的，倒逼马来西亚政府公布信息，从这个意义上讲，中国还没有一家真正的国际化媒体。

有人认为，媒体一旦开放，由于媒体从业者的不专业，会造成谣言流布，动摇社会秩序。但我认为，谣言之所以存在，是因为真相不足。而“谣言止于智者”这句话，也毫无道理，因为，没有人可以先验地成为智慧的化身，谣言只能止于公开，在多元信息的比对、辨伪、扬弃之后让真相浮出水面！

人类在历史早期，由于信息不发达，获得权力的方式，主要依靠制造权力的神秘感——强调君权神授，讲究诸事保密、百姓回避；而今天，在更加注重加强权力合法性建设的时代，权威的树立，不能再依靠封闭，而必须走向透明、公开！没有公开，就算正义，亦是不可能服众的。

（本文写于2013年）

工作是一项最棒的游戏

经常有年轻人问我："为什么我寻找不到自己最感兴趣的工作？为什么我目前所从事的工作，总令我感觉索然乏味？"

我的回答，也总是很简单："人与岗位的彼此选择，永远不可能做到完全对等与均衡。既然你无法随时找到自己感兴趣的工作，你只能从现有的工作中去发现兴趣。"

2012 年 8 月，我去美国内华达州采访，在塔霍湖边的一个烧烤餐馆中，有两位年轻的美国烧烤厨师，让我真正见识到了什么叫作"快乐工作"。

整个店的面积并不大，也就是 100 多平方米，房间中央有一个直径 1.2 米左右的烧烤操作台，上面是一张巨大的金属烧烤圆铛。所有的食客，要先去自助料理区选择要烧烤的食材，装在大碗中，然后交给两位厨师，由他们当着你的面，进行翻炒，食客们可以围绕成一圈，在这个操作台周边类似"吧台"的地方等候。

让我惊讶的是，这两位主理烧烤的美国小伙子，根本不像是厨师，简直就是两位充满活力的天才杂技演员和相声大师——铲子在他们手里不仅被耍得上下翻飞，连顾客的空碗，也成了他们做抛物游戏的道具，而且嘴里不闲着，又说又唱，还不停地跟客人插科打诨，弄得整个餐厅里哄笑不断、掌声此起彼伏……

足足三四个小时之后，餐厅里的食客陆续离去了，环境逐渐安静下来，但有趣的是：这俩小伙子虽然满头大汗，但依然大声地说笑，继续自娱自乐般地耍玩着各种餐具。我走上去问："都快没有客人了，再这样继续，不累吗？"他们的回答也很妙："你不觉得我们像是这个餐厅的明星吗？当明星，为什么会感觉到累呢？我们一直把这份工作看成是人生最棒的游戏，你让别人高兴的前提，首先是得让自己高兴！"

人类的所谓"知识"，其实，可以被分成三大类。

第一种，我称之为"原理型知识"。

简而言之，凡是可以通过语言和文字能够传递的意义，比方学生们通过阅读所能掌握的"书本知识"，大抵都可归入这一类。

第二种，"技能型知识"。

这种知识正好与"原理型知识"相反：言不能传、笔不能记，唯有身体力行，方能存法于心。譬如学游泳，您看一万本书，也不如直接跳到水里扑腾几下效果来得直接，但是所谓的"水性"，又无法总结成任何文字，只能凭感觉……人们更愿把这类本事称为“手艺”或“技巧”。唯有无数次的操练，才能如庖丁解牛般“以无厚入有间，恢恢乎其于游刃必有余地矣”，全因“唯手熟耳”。

第三种，“人际型知识”。

既然人是社会性的动物，做任何事情，都无法脱离人际环境，那么，在单位时间内，谁能够以最低的沟通成本、最快地赢得他人的信任与配合，自然获得成功的几率就大——古今中外，凡能成就大事者，往往在沟通、组织与行动的综合素质上胜出。进入工业时代的社会化大生产，以及市场经济环境下的商业竞争，无不需要将这类知识，贯穿于每一个“经济人”的行为之中。

我不喜欢将“劳动”简单地进行泛道德化，或者工具理性式的评价——因为这两个方向，都无法解答“人为什么要劳动”这个问题。其实，各行各业许多看似“简单劳动”的背后，都蕴藏着这三种知识的完美结合；它更呈现出一种充满人文关怀的价值观。社会学家汉娜·阿伦特，就提出了与马克思“异化”理论异曲同工的观点——她将劳动者区分为“劳动之兽”和“创造之神”。应该说，真正的劳动，并不像我们理解的那么狭隘，仅仅是为了“混口饭吃”，它完全可以折射出一个社会的治理体系和知识框架。

最近，“工匠精神”这个词似乎大行于世，但事实上，中国数千年的传统，从来没有真正地尊重过“工匠”——

商周时的“百工”，其实不过就是奴隶，汉唐之后的“匠人”，依然是社会底层的工具化人格的代名词，甚至匠人之后都无缘科举。在这种文化的长期浸淫之下，任何人也别企图通过行政手段，一夜之间就提高了社会对“工匠”的认同度。

更重要的是，我认为“工匠精神”这四个字的核心，并不在于“工匠”，而全在于“精神”。它一定是一种自由意志的体现，我们之所以工作，绝不应该是仅仅出于被迫。如果在一个劳动者基本权利得不到尊重的社会，人们对自己的职业和工作，充满恐惧、自卑、无聊、厌倦，怎么可能产生“工匠精神”呢？

我们这个社会，由于长期处于匮乏的状态，一旦进入资本竞逐的时代，各种“丛林法则”就发挥出巨大的效用，过分强调竞争，过分主张实用，过分重视精英教育而歧视非精英教育（比如职业教育）……按照阿伦特的理论，我们就全都容易沉沦为“劳动之兽”，而不可能变成“创造之神”。

人生最深层的乐趣，可能并不是决出胜负之后所带来的物质、名誉和地位的变化，而恰恰是你终于探知到了人类从未抵达的思想或技能的边界！

每一个出色的、尚未被异化的劳动者，就算是在“无人知晓你在做什么”的环境下，依然能把自身工作做得“讲究”而不“将就”，而这正是因为他们从专注中找到了使自己内心平和与强大的力量，他们知道：外部竞争与我无关，我更愿意挑战自己。

如此则庶几近乎道！

假如我在现场

2014年5月底，山东招远的一家麦当劳餐厅发生了一起群体当众施暴致人死亡案，令舆论哗然。

犯罪者必将受到法律的严惩，对此没有什么可争议的。但在群情汹涌中，我们又不得不再次面对一个无法回避的“老问题”——在现场那么多围观者，为什么就没有人见义勇为、制止犯罪呢？

首当其冲受到质疑的，是在现场的麦当劳餐厅员工，对于女顾客的惨死，他们似乎应该承担法律责任。当然，麦当劳是有责任保障顾客在其经营场所的人身、财产安全的，但餐厅是否有能力避免突发性暴力行凶事件？如果顾客受到伤害，餐厅有义务证明自身是否有过错？就算没有明显过错，法人也必须要承担无过错责任，这种责任是否要溯及员工个人？……迄今已经有不少人替餐厅讲话了：餐厅的员工手无寸铁，除了口头劝阻和报警外，强行阻止暴力犯罪的能力是十分很有限的，本不应苛求。

而如果按照此逻辑推理，那么，我们是否也就没有权利谴责现场的其他顾客了？面对“六个打一个”的局面，谁又知道自己若贸然冲上去，会不会遭遇同样悲惨的后果呢？所以，除了报警之外……大概也只能报警了。

那么，我们的讨论是不是也可以到此结束了？

当然不是。“见义勇为”本来应该成为一个文明社会中公民的本能，我们现在最需要反思的是，到底是什么原因抑制了这种本能？

这些年，全国各地先后设立了许多“见义勇为基金”，但很遗憾，并没有因此而形成见义勇为的良好氛围。其实很多人都没搞清楚，一个国家在公民的福利保障方面，是要自下而上、分五个层次的：

1. 救济。这是政府责任，也就是对所有公民的基本生存要有保证，无论他（她）是否具有独立生活能力，包括对严重残障人士和乞讨者的救助。

2. 保障。这实际上是公民们一种未雨绸缪的互助机制，譬如养老、医疗，尽管有政府杠杆资金的投入，但基本面的社会保障资金，仍是公民在其有能力赚钱的时候，为自己未来的不确定性风险所持续投入的“储蓄”，这属于公民责任。

3. 福利。这是全体公民分享社会发展红利的机制，比如香港、澳门每年给永久居民分发的“红包”，它取决于政府的财政收入状况，政府破产了，福利也就消失了。

4. 优抚。它与救济一样，也是政府责任，是给予为国家和社会利益做出巨大贡献而牺牲的人的长期补偿，就像优抚军烈属政策。

5. 慈善。这是社会资金自发性的救助行为，不属于政府责任，政府除了依法监督之外，既不能逼捐，也不能以慈善权利抵充财政义务。

“见义勇为”实际上应该类似“优抚”这个层次，也属于政府责任，但遗憾的是，在我们这个社会，政府责任却经常莫名其妙地“失踪”了，把它生生推给了慈善事业。这使得各种“见义勇为基金”不仅捐款数额有限，也缺乏可持续的来源与投入，许多所谓的“道德沦丧”，恰恰是在道德激励和保障不足的情况下发生的——我做《东方直播室》节目时，曾遇到这样一个事例：一个小男孩在水中救了其他几名落水儿童，自己却牺牲了，当地没有政府优抚的介入，导致本来贫困的救人者家属，要让被救者家庭赔偿其丧子的损失，而几个被救者家庭非但不感恩，还说“又不是我们让他下水的”，死活不让自己的孩子承认是被这个小男孩救的，愣说是孩子们自己爬上岸的，牺牲者也不过是下水玩耍溺亡的，以此来逃避赔偿。由于无证词证明施救者是“见义勇为”，施救者家属连本来金额就很少的“见义勇为基金”也申领不到……救人竟落得个如此下场，何其荒唐！

除了制度缺陷，导致“见义不为”的另一个更大原因，是社会长期对人性的压抑。中国人总爱说自己是“礼义之邦”，但是，礼，并不等于公众支持以集体主义的名义消除个人独立性、自我矮化、甚至大搞个人崇拜；义，更不应该成为“事不关己，缄默不言，甚至见死不救”的概括。礼，基于规则，义，源自勇气，遗憾的是，我们不敢率先对权力的错误质疑，大家甘当犬儒，甚至有不少人还乐于帮助权力虐待弱小、剿杀独立的思想和声音，无非是为了谄媚上司、获得犒赏，为了利益而彻底放弃趣味……

一个连“真话”都不敢讲、连身边的公共事务和公共空间的管理都不屑于投入一点儿力量参与的人群，你怎么能指望“见义勇为”能成为一种普遍的风气？

宽容是一门艺术

我这个人总是“后知后觉”——我才知道，11 月 16 日是所谓的“国际宽容日”。

居然还有这么个纪念日！

我确实搞不清楚，为什么联合国教科文组织要提议将每年的 11 月 16 日设立为“国际宽容日”。但我认为，能提出这个概念的意义，要远胜“禁烟、无车”之类的“国际日”。因为当你反复主张“禁止什么”的时候，一定是变相强调了它的重要性，我们对被禁止主体的关注，会远远超过禁止本身。而“宽容日”的提出，至少说明，我们这个世界确实在“宽容”这个古老的命题上，出了点问题。

孔子曰“六十而耳顺”，“耳顺”便有了宽容的意思。但不能简单地将“宽容”等同于“宽恕”，企图一味地充当好好先生，否则孔子也不会教育弟子不应“以德报怨”，而应“以直报怨”。如果说，“宽恕”是较为个性化及主观的，那么，“宽容”则更具有社会性，是先天而客观的；宽容包含宽恕，即对已经发生的伤害持有的冷静态度，但它更是良知、公正和容忍指导之下的集体人格，一个宽容的社会环境，可以让任何个体都拥有“言论的自由”“信仰的自由”“免于恐惧的自由”“免于愚昧无知的自由”。宽容不仅是针对他人，更重要的是完成对自我的救赎。

1994 年，以《饥饿的苏丹》获得普利策新闻摄影奖的摄影师凯文·卡特在自杀前，留下了一句话：“生的痛苦远远超过了快乐的程度。”全世界都在质问他：“那个秃鹫面前奄奄一息的小女孩儿现在在哪里？”他不堪忍受艺术的荣誉是以欣赏苦难而获得的，于是，在获奖之后，卡特立刻返回苏丹，遍寻作品中的小女孩儿而不得，最后，终于在多重压力下自戕。33 岁的卡特之死，引起了当时新闻伦理和道德的争议。卡特死于客观舆论环境的不宽容，以及主观上的无法自我宽恕。

作为一名媒体人，不得不承认，我内心的宽容度其实是有限的——我对任何事物都存疑，也经常尖锐地发出质问。但是，批评不等于消灭对方的发言权——我不同意你，但我誓死捍卫你发言的权利。

人与人之间的有效沟通，必须依赖于具有宽容精神的社会大环境，一旦有效的、制度化的沟通渠道被权力扼住咽喉，在“自媒体”发达的时代，往往便酝酿出了“网络暴力”。人类一切狂躁和非理性的产生，大多都是基于内心害怕被消灭的巨大恐惧。所以，众人动辄发动“谩骂攻势”和“人肉搜索”，不过是一种焦虑的情绪宣泄。

当网络上充斥着“左派”“右派”“带路党”“五毛党”

的“定性”，大规模的人身侮辱，甚至靠动手伤害对方来证明自己的绝对正确时，理性沟通早已荡然无存——遑论宽恕——宽容更何足道哉？毕竟“血一旦流到地上，这仇恨就再也化解不开了”！

前些日，闲看黄山谷晚年的书法作品《经伏波神祠诗》。以前，我只知道他的书法受禅宗之影响甚深，但如今再看，倒觉得通篇只有两个字：“宽容”。作为“宋四家”之一，黄山谷与苏东坡亦师亦友，苏黄二人都经历了太多的跌宕坎坷，但朝堂的排挤和岁月的蹉跎，并未让他们走向愤世嫉俗，反倒有了“一蓑烟雨任平生”（苏轼）和“未到江南先一笑，岳阳楼上对君山”（黄庭坚）的大度和悠然，成就了他们的艺术创作。你把这种情形归于“寄托”也好、“移情”也罢，但是，你不能不佩服这些古代的知识分子，无论外部环境是如何恶劣不堪，依然可以坚守内心的底线，对事物秉持理性的判断，对人性保持悲悯的宽容。

遗憾的是，我们很长时间都信奉“非此即彼、非黑即白、非好即坏、非敌即友”的说法，忽略了人类社会就和大自然一样，本身就是多样性的产物；我们一方面享受社会多元化给自己带来的好处，另一方面又顽固地坚信“只有我的思想才是唯一正确的”，这样的社会，即便不是弥漫着仇恨，也会充斥着怨怼。那种“铭记历史、放眼未来”的宽容，也往往沦为“一朝挨打、终身记仇”的狭隘——选择性失明，片段式理解，极端化表达，也就成了某种社会文化的主流。这种不宽容的大环境，全民族的学习与创新也就自然成了奢谈。

中国人流行讲一句话：落后就要挨打。殊不知，野蛮、走极端更是挨打的理由。

雨果说："宽容就像清凉的甘露，浇灌了干涸的心灵；宽容就像温暖的壁炉，温暖了冰冷麻木的心；宽容就像不熄的火把，点燃了冰山下将要熄灭的火种；宽容就像一只魔笛，把沉睡在黑暗中的人叫醒。"

从这个意义上，你大概也能理解为什么雨果会写出《悲惨世界》。值得一提的是1985年根据这部作品创作的音乐剧《悲惨世界》，我认为是"最好的音乐剧"，没有之一。

创新，或许就是“犯规”

“打车软件”正以不可阻挡的趋势，在出租车市场上蔓延。资本、风投的陆续注入，使目前依然处于“倒贴钱”状态的各种打车 APP，并不会因为“贫血”而丧失斗志，而是继续开疆拓土。城市交通管理部门对于这种新生事物，似乎还没有做好足够准备，一方面，“清理”之声不绝于耳，另一方面，“默认”亦成为唯一的选择。

发达国家出租车行业一直推崇“电召服务”，比如在日本，你很难看到出租车“空驶扫街”的景象，市民打车几乎全都提前预约。这也是减少能源消耗、降低大气污染、提高服务效率的不二法门，但在中国，“随时扬招”却一直成为民众的习惯。这与出租车行业的粗放式经营有关（至少市场需求足够大，对如此巨大的资源浪费可以忽略不计），而政府过分严格的牌照管制，也使得傲慢的出租车公司将更多的风险成本转嫁给司机个体——收租多简单，却无心提供更好的平台式服务；同时，出租车的价格管制，又无法准确地勾勒出其服务资源的市场稀缺性，乘客电召与扬招的价格差异亦不明显……

实际上，打车软件的“加价”，正是对这一扭曲的市场价格和无差等化服务的纠偏。只是许多市民对此不太领情：好像因为有了打车软件，打车更困难了。但人们忘记了：以前就算没有打车 APP，在高峰时段、刮风下雨或地处偏远的情况下，“打不着车”的现象比比皆是，出租车司机为了追求利益最大化，也会挑肥拣瘦，拒载成风……

“打车软件”最为人诟病的地方，乃是其特殊“竞价”方式。这种机制究竟合不合理呢？要回答这个问题，关键在于搞清楚“什么样的服务不能竞价”。答案很明确：公共或准公共物品（服务）。譬如：水、电、煤价格，公交和地铁价格，这些都是不可随便议价的，在一定时间范围内，政府必须保持它们价格相对稳定，这也就是所谓的“管制价格”。

那么，出租车属于公共服务吗？

如果把出租车归入公交序列，那“加价”无疑就是违反上述原则的，政府当然要对此干涉、甚至打击；但另一种看法：出租车也许根本就不算“公共服务”，它就是针对高收入（相对而言）人群的一种可供选择的交通服务，这种并不属于“不可替代”的商品，为什么就不允许议价和竞价呢？说白了，出租车天生就应该是“价格歧视”的。

经济学对“公共物品”解读，最根本的一条就是“非排他性”，也就是某人在消费一种公共物品时，不能排除其他人消费这一物品（无论他们是否付费），或者排除的成本很高。

出租车恐怕不大符合这一条吧?

当然，这个理论很易引起广大人民群众的愤怒：这岂不是为扰乱市场的行为“开绿灯”吗？“加价”之后，许多出租车必然针对性地找活儿干，而那些遵守现实法规“不加价”的驾驶员自然就吃了亏，同时也造成了一些中老年人，或者类似紧急患病就医的特殊人群，情急之下打不着车……但这绝不是仅靠“禁止打车软件使用”就能解决的，比如社会老龄化比我们更加严重的日本，为什么就不存在老年人打车不便呢?

这就又涉及市场竞争过程中，所导致的“服务产品差异化”问题了。如果这个市场的区域足够大，那么，服务提供者所制定的价格，根本不是自己想怎么干就怎么干的，他的价格高低，是由他的竞争者价格决定的，也就是说，如果所有人都在往上加价，一个人却开始降价，于是，降价者就拥有了某种市场优势，购买方明显会向他倾斜，这就逼得其他服务商不得不跟着也降价……

同样道理，“为老服务”也是个巨大市场，如果有人愿意给这些人群提供更方便的服务，那么他也就能很快赢得这一特殊领域，占据甚至垄断市场份额。

信息技术普及之最大作用，就是尽一切可能消除由于组织与个体间、个体与个体间的信息不对称所造成的服务资源与需求的不匹配，它的根本任务是降低成本、提升效率，而不是相反。

竞价拍卖，看似抬高了单位商品价格，但社会总的交易成本还是降低了。有人会问：为什么发达国家的出租车，不允许搞竞价式的价格歧视呢？很简单，由于市场竞争充分，遵守行业规则就是出租车从业者的最佳选择。

其实，最根本性的质疑应该是：出租车如果是可以议价或竞价的，那为什么还要特许专营呢？

所以，若想要消弭当前由于打车软件所引发的“价格战”，最好的办法，恰恰不是控制价格，而是放开供给，比如开放出租车牌照控制，降低门槛，让更多想要在此分一杯羹的企业或个人，可以更方便地加入出租车的行列，在市场充分竞争的大环境下，最终能够达成供需及价格的均衡。

归根结底，价格是由产品稀缺性所决定。在一个竞争者足够多的市场，提供多元而又人性化的服务才是生存的法宝。

竞价固然是一种打败对手的方式，但是，谁会仅仅依靠竞价来赢得最后的胜利呢？

（本文写于 2014 年，但现在看来，文章里面的观点依然站得住脚）

“不敢为天下先”

联合国官方文本所使用的五种语言（英、法、中、俄、西）之中，中文（汉字）大概算得上是“简练”的典范——我查阅过同一个文件，俄文本耗纸最多，中文本则最少。

但简练本身，也最容易产生歧义。

比如，老外就很难理解中国媒体在报道一场球赛时，“中国队大败美国队”和“中国队大胜美国队”这两句话，为什么表达的竟然是同一个意思?

前不久，我见到原文化部部长王蒙先生，老先生这十几年中一直在研究老子。我问他：“《道德经》五千言，有哪句话您认为是最值得今人深思的吗？”王蒙先生回答：“不敢为天下先。”

“不敢为天下先”这句话，语出老子《道德经》第67章：“我有三宝，持而宝之，一曰慈，二曰俭，三曰不敢为天下先。慈故能勇，俭故能广，不敢为天下先，故能成器长。”

“不敢为天下先”这句话一直被我们批判，认为它代表了甘于落后、排斥竞争的没落贵族的思维方式，其实，按照王蒙先生的解读，这恰是我们不了解老子所导致的误读。

老子这部书，并不是写给普通人看的，他更针对的是当时的执政者，“不敢为天下先”的本意，并不是要放弃竞争，而是在提醒执政者，不要自作聪明，仗着有点权力，就做出违背民意的所谓“创新”。按现在的话说，就是不要瞎折腾！

这些年，中国人总愿意把改革寄托在“顶层设计”上，就像十八届三中全会召开之前，大家都翘首以盼，期待着高层能够最终拿出来一个“一揽子解决方案”，将贪腐横行、贫富分化、社会不公、生态破坏等弊端整治，毕其功于一役。而历史证明，改革从来不是一蹴而就的，参会的三四百人，纵然再有智慧，要想彻底解决十三亿人普遍面临的问题，也会力有不逮。“顶层设计”如果缺少“基层尝试”做支撑，难免会走向乌托邦——当年的人民公社、大跃进，包括后来的“文化大革命”，不就是错误的“顶层设计”所造成的巨大灾难吗？

让我们把目光回溯到三十多年前——十一届三中全会召开，那时“人民公社”的老路，已经被证明是走不下去了，但政坛仍旧有人顽固地认为，那不过是“一本好经，被歪嘴和尚念歪了”，依然坚持要“农业学大寨”，强调“人民公社的优越性”。幸好在这个时刻，安徽凤阳小岗村的土地承包，四川广汉向阳人民公社的撤社建乡……这些民众冒着极大的政治风险，自发尝试的基层改革，被作为可资讨论的样本放在了执政者面前，终于在会议上，“对农业学大寨，不少同志提出异议，指出全国千差万别，怎么都能搞成大寨一个模式？”（《中国共产党历史》第二卷，1057页）也正是在具备这类“有效参照系”的前提下，邓小平同志为代表的中央领导集体，才随后拉开了“农村土地家庭联产承包责任制”的改革序幕，终于让中国释放出持续三十多年经济发展的巨大活力。

直到今天，我依然清晰地记得，那时改革开放所提出的指导方针：“解放思想，开动脑筋，实事求是，团结一致向前看。”

我们必须搞清楚的是：真正改革，绝不应该是权力系统内部的孤芳自赏、自以为是，（套用当今的网络语言）最终沦落为一场“自嗨”的游戏，而应该是“顺势而为”——顺世界势、遂国民愿。

遗憾的是，这三十多年中，由于历史遗留下来的权力社会基本格局，尚未完全转变为法治社会，“领导意志”总在不断地破坏着市场经济规则，从单纯渴望“做大做强”，实际上违背产权和经营规律所搞的各种国企兼并、大学合并，再到美其名曰“跨越式发展”，各类全然不顾历史、文化和资源配置的造城运动，拆除古建筑，砍倒梧桐树，用极其粗暴的方式低价收购土地并赶走农户……这样的所谓“敢为天下先”，已造成什么样的恶果，恐怕已毋庸我赘述了吧!

我本人顽固地认为：一部人类史，其实就是一部人群自我建设、尝试、修复、完善的社会生态史，好的制度，不是单纯靠某一个人或几个人有一点良好的愿望而“被设计”出来的，而是多方利益的博弈、妥协、达成均衡、实现共赢并可用法治维护其持久、稳定的结果，政府若能真正尊重人们在市场行为中的自我选择，也就是真正实现了以人为本的执政理念。

上海自贸区设立前，政府对外资企业实行的是目录清单的管理模式——企业做什么事情，几乎都需要政府层层审批。应该说，这不是一个高效政府所应该选择的方式。

最好的行政管理，也必须以降低自身行政成本为前提，政府不能什么事都要管，什么心都想操，因为，这种看似“全心全意为人民服务”的口号背后，实际上，所隐藏的可能是“什么钱都想捞”的可怕目的。所以，上海自贸区设立时的“负面清单”，就是对之前繁冗审批弊端的修正，体现了民间主体（企业）行为“法无禁止即自由”的管理理念。

也许，当权力“不敢为天下先”了，公务人员才能真正搞清楚“服务社会”的含义，不至于靡费公帑；社会大众也不至于为了要获得权力的垂青或眷顾，低三下四，八面拜佛。若如此，老子这句话中所说的前两条——大慈与尚俭，亦必蔚然成风矣!

崔永元未必对，教育局也不见得冤

这世上，有一种“三不”男人，最易受女人诟病，哪“三不”？——不表态、不拒绝、不负责。

“不幸”的是，在崔永元公益基金推行“爱飞翔——乡村教师培训计划”，准备在湖南寻找100位乡村教师的过程中，湖南省教育厅恰好扮演了这样的不光彩角色，只不过，他们对这个公益项目的“三不主义”表述为：不支持、不反对、不参与。

于是，著名的崔永元被惹恼了，当即回赠给湖南省教育厅另一个“三不”：不作为、不努力、不要脸。

媒体自然是欣喜于这样的“骂战”：权力部门一不小心挑战了大众敏感的神经，意见领袖又奋力批判权力部门的傲慢——无论如何，这都算得上是个“好新闻”。在舆论一片哗然之下，湖南省教育厅觉得自己挨骂很是“冤枉”，他们解释道：“对于民间公益组织开展的公益活动，应由该组织依法依规进行组织，省教育厅作为政府机构，依照自身的职能职责不宜代替民间组织直接发文和参与组织。”

而大多数公众，似乎更愿意站在崔永元一边，指责当地教育部门“不要拿法律当挡箭牌”，这本来该是你教育厅的好事，你不做也就算了，人家小崔做了，你竟还生生地摆出一副“衙门嘴脸”，这足以说明，某些政府部门“事不关己、高高挂起”的心态已发展到何等畸形的地步！

而实际上，大家都忽略了——引起这场“骂战”的导火索，是一位名叫“董峰”的项目志愿者，以“中国红十字基金会”的名义，给湖南教育厅发去的一封邮件，希望他们能协助这个项目进行乡村教师遴选工作。

这封电子邮件原文要义如下：

“1. 出一个文件或者通知，把选拔教师的事情通知给相关市的十三个县区的教育局；2. 在教育厅的政务网上把这次选拔活动的通知、流程和标准公告出去；3. 督促各县教育局，作为本期活动参训教师的主管及审核单位，根据相关选拔标准，核实信息，并在教师参训申请表上盖章签字，以示监督，确保公平透明；4. 把初选和终选入选的教师名单在政务网上进行公示，并接受公众监督以求公平公正，保证公益的每一分钱都能真正用到乡村教师的身上；5. 相关标准、名单、流程等内容，在选拔教师的所在县区的教育局政务网和当地媒体上公告公示；6. 在培训之后，督促各县教育局及参训教师所代表的学校，按照选拔承诺，应组织参训教师与非参训教师、参训学校与非参训学校之间的学习交流，以期开放交流、共同提高乡村教育水平。”

看得出来，邮件的行文方式，也正是双方“交恶”的起因。湖南省教育厅认为，这些要求，几近于“命令”，但均不属于“政府义务”；而基金会方面，之所以请求省教育厅协助，乃是汲取了之前活动中的教训，不得已而为之——上一次，某地的教育局官员和诸多学校领导努力将自己纳入“培训计划”，到大城市旅游一番，挤占了本来属于乡村教师的名额，故而这一次希冀通过省教育厅，动用行政力量、信息采集和发布渠道，尽可能减少选拔的错舛，防止“公益私占”。不巧的是，双方各自都认为自己“站在理上”的诉求，恰好在此，出现了巨大分歧。

虽然我本人去年也曾参与过“乡村教师飞翔计划”的工作，深刻理解我尊敬的同行——小崔的一片苦心，但我依然认为，以“不作为、不努力、不要脸”这番话来谴责教育厅，是不对的。

“民间公益”自从诞生的那一刻起，就应该天然地与政府行为划清界限，既然在以往，出现过权力者处于信息优势，在本来应惠及贫困乡村教师的培训计划中“分一杯羹”的丑闻，这一次，又怎能把甄别遴选的主动权，再次让渡给权力者？何况做任何事都是有成本的，只不过有隐性、显性之分，培训项目本来就是针对教师个人的公益慈善，若动用依赖财政资源支撑的“政务网”，岂不是将成本硬性摊销给其他纳税人吗？那么，公益和慈善的意义又何在呢？

当然，湖南省教育厅也并非像自己所说的那么“冤”。现在，他们已经将此事委托给名义上是教育部门管辖实际上归于社团法人的“湖南省中小学教师继续教育研究会”，态度仿佛显得积极了一些，但是，这种举手之劳的工作，为什么非要等到事态恶化到如此地步才进行呢？从这个意义上讲，“不努力”的评价，一点也不偏狭。而且，教育厅那个所谓“三不”方针，委实是不明智的宣示。哪怕你退一万步讲，“不反对”也完全可以排在语序逻辑的最前端，它至少表明，政府乐于看到社会多种力量参与到教育事业中来，而不必像今天这样，让自己完全陷于舆论上的被动！

中央人民广播电台经济之声的主持人杨曦，日前，在自己的微博上写了一段话，我认为，完全可当作此番“骂战”的结语——

“草根公益组织有自己的话语场和实现路径，不必要求，甚至应当回避政府部门的参与。当然，他们（按：此处指政府部门）主动要求添柴加力，绝不拒绝；高度评价，也全单笑纳。如果说，路线图里还给政府留了一站，只能认为行政化的思维没有完全改变。没必要、没效果、没意义。”

我再把开头那句题外话讲完，女人们再怎么非议“三不男人”，至少，也要让自己先“矜持自重”起来。轻易突破底线，若吃了亏，也怪不得某些臭男人“得了便宜却卖乖”。

我是谁?

这是我第四次报送金话筒奖了，我要感谢许多评委，这几年里，我让你们耗费了太多的精力。我愿意把这理解为，大家希望不断地看到我的改变，所以，如果结局不够圆满，说明它还不是结局。

一直会有人问我，你既做了新闻节目，又涉足娱乐节目，到底你想怎样?我知道，传统上所理解的主持人，需要有清晰的定位，但是在互联网时代，“跨界”不是件新鲜事儿，而创新的动力，也一直诞生在不同领域的交界处。我认为，一个好的主持人，并不在于他因为主持什么类型的节目，创立了某种风格，而是他可以把属于自己的风格，带进不同类型的节目。戏剧学院的培养，和十几年记者的生涯，我养成的唯一习惯，就是不断地尝试用各种方式探讨人性，接近人心，追求人道。我从来没有想过，如何表现自己，我只是想尽力离真实近一点，再近一点，我把好的主持人的标准，浓缩成了八个字：忘记自己，在意他人。无论是做新闻节目，还是做娱乐节目，也许我做得还不够好，但我不会轻易改变。大概这就是所谓“骆新的风格”吧！我相信，潮流在变，风格永存。

我主持的《东方直播室》和《百里挑一》，都是东方卫视开播以来，持续时间最长的栏目了，特别是《东方直播室》，在这个节目六年的生命里，我目睹了许多人世间的悲欢离合，也听到了各种针对社会问题的争论，作为主持人，我希望能最大程度地展现转型期中国的改革尝试、社会思考和人生选择，同时，也为每一个陷入困顿的弱小的个人或家庭，提供我们这个节目组力所能及的帮助。

2014年的最后一天，那是个寒冷的冬夜，我们在这里（注：当时拍摄这段自我介绍，是在上海北部靠近军工路的一个摄影棚），录制了一个关于家庭暴力的节目，但是，当事男女双方的矛盾，并没有因为录像的结束而消除。他们是未婚同居的，并生养了一男一女两个孩子，男方生活在甘肃，女方则已经跑回四川老家，尽管在节目中，双方已经同意和平分手，可今后，这两个孩子该如何抚养？依然是个没有解决的问题。于是，就在这个房间里，我和节目组努力做双方的工作，连我们观察员——法学专家，也志愿做起了现场法律援助。这是一场极其艰难的谈判，男方一直犹豫不定……四个小时过去了，协议不断地签了又作废，作废了再签。在临近子夜的时候，双方终于被我们说服，达成一致了，就在这个灌满冷风的走廊，他们在最后修改的一份——我自己手写的协议书上面签字画押了。

看着两个孩子被父母分别抱走，各自坐上回程的车辆，消失在夜幕中那一刻，我们所有人，都长舒了一口气。而第二天，2015 年的元旦，我是在高烧中度过的，但是我认为：很值！

从来没有为自己说这么多话，我担心，再讲下去，我口吃的老毛病又该犯了……

其实我知道，站在聚光灯下的这种生活，总有一天会结束的，但我很高兴，能通过这个职业不断地挑战自己的习惯性思维，不拘泥于一个固定的模式。我觉得，一个人一辈子，其实只有两件事要做：第一件事，找到自己；第二件事，学会告别。

（注：2015 年我最后一次报送全国金话筒评奖的视频自述内容。这次依然没能入选。）

得意忘形

在中国的成语中，“得意忘形”大概算不上是什么好词儿。

不过，当我的老朋友、广告创意人邵隆图先生邀我去他办公室小憩时，我却赫然见到这四个字嵌在墙壁上，俨然这是邵先生的座右铭。

“得意，是为了探求奥意至理，寻找非同凡响的识见和思想；忘形，此为不拘常规、不守常态的创新形象。”——上海师范大学人文学院金定海副院长做如是解，与吾心有戚戚焉！

仅是把“上海黄酒”变身为“石库门上海老酒”，继而成为中国黄酒第一品牌这一项，足以让我们领略“邵式创意”的雄才胆略了，但他对我说：你真要理解了创意，一杯水，也能做大文章！

20世纪最伟大的一项创意，就是有人把“水”变成了“饮用水”。无数人因此而发财致富，从卖水的、运水的，到水处理的、检测的、贴标签的、做包装的、做广告的……还诞生了饮料产业，台湾人最聪明——一杯牛奶一元钱，他则往水里加点奶粉和山芋粉圆子，配个大粗管子，成了“珍珠奶茶”，一杯卖五元钱甚至更多，之所以招年轻人喜欢，是因为这种饮料更“有趣”，有咀嚼感，还能听到吸吮“珍珠”的呼噜声，男女两人花十块钱，能边聊边咂巴一下午，这恋爱谈得多有滋味儿！

所以，古人说“上善若水”。

水无常形，却有深意——把普通的水，变成饮用水，这就相当于将生活素材进行艺术化创作的过程，但“饮用水”同样也包含了三个进化阶段——有品牌的水，你熟悉的有品牌的水，你熟悉的有品牌的又是你偏爱的水。如果用电视的概念来阐释，“品牌”就像创作出来的栏目，“熟悉感”就是找到令观众乐于接受的形式，而“偏爱”则代表了契合观众内心诉求的某种价值观！

品牌和熟悉感，都能看得见，唯独偏爱，是看不见的。

我做电视大约也有二十年了，平素最常说的一句话，便是“不可因形而害意”。

电视节目，自然不可能没有“形”——按照当下“模式引进”的思路，我们所购买的模式，无非就是“形”，但问题是：形虽在，其意得乎？

还真未必。水土不服的“模式引进”依然屡见不鲜。

电视之形，无疑是按照时间流所设计出来的，但每一个环节，都是基于对意的表达。

文以载道。道之不存，文章写得再美，也是枉然。

我一直认为，“艺术”和“创意”其实还是有本质区别的。艺术，是创作者对自身审美意识的努力挖掘，说得再极端一点——艺术往往是为艺术家服务的，创作者甚至可以完全不顾及受众是否能够理解自己的意图，它的形式，可能就是内容本身；而创意，则从一开始就是尽力为他人服务的，它是富有实用主义精神的一种创作。

如果节目在创意之初，我们并不了解观众收看该节目的内在动力是什么，那么，就很容易走向“自娱自乐”，我们会误认为“编辑部的意图，等于观众的意图”，结果，一切形式流于表面化，看起来很美，结果却很惨。

我认为，电视节目真正的形，必须具备两大要义：一、悬念，二、冲突。这大概是“电视就是编故事”的另一种解读。

无论是“抽屉式”的《百里挑一》还是“卷轴状”的《东方直播室》，每一个环节，看似是固定的形，但都要给人物设定具体的目标，留出一定的自由表现的空间，然后通过流程，开始挤压他的空间，让人物在规定情境内作出命运选择。

好的节目，不是让观众欣赏人物，而是让观众必须觉得，他就是这个人物，他要跟“他”一起选择。

别把“文化自信”搞成了“权力自信”

一个国家的文化自信，主要表现在三个方面：一、对传统的尊重；二、对创新的鼓励；三、对多元化意见的包容。

“五四”以降，由于近代中国在政治、经济、军事上的长期疲弱，遭受屈辱、压迫和侵略，社会公众普遍存在一种激进心理——仇视与敌意，一方面是对西方文明的排斥，另一方面则是对民族传统的否定。特别是在历史价值观的养成上，中国长期使用了情绪主义而非专业精神的方式，极端化、片面化地理解历史事件，这种方式虽然短期内刺激了民族主义和民粹主义情绪的高涨，但是以更久远的历史眼光来看，却使得中华文化的发展脉络尽失，思想支离破碎，最终形成“非此即彼，非黑即白，非对即错，不是你死，就是我活”的斗争哲学，不仅远离自然法则，也消灭了对真理探讨的良好舆论氛围。

执政者习惯于在学术、艺术和泛文化领域长期的行政干预，一切资源必须向权力集中，客观上造成了“权力即真理”的范式，令思想的独立性和艺术的自由性湮灭殆尽，而越是这种看似宏大的现代性叙事格局，越是构成对人为主体的创造性的压抑，这也是在后工业时代，后现代主义（其实就是对现代主义将人看成政治工具的不满、重新强调个人自由的反叛性解构）盛行的原因，互联网的开放性和去中心化，恰恰又放大了民众这种“解放”的诉求，亦令传统的统治思维越来越跟不上时代的节奏。

创新，是对既有秩序的打破，从某种意义上讲，就是“犯规”——当然，应该被限定在不违反公序良俗和法律的范畴内。但在中国，由于权力是一切秩序的设计师和维护者，创新率先挑战的，往往是权力的尊严，而缺乏法治制约的权力，总会抢在法律和道德之前，对创新的尝试横加干涉，甚至直接判了死刑。

另外，社会舆论的不发达也是造成文化不繁荣的重要原因，以马克思的历史唯物主义角度分析，人类接近历史真相的程度，并不取决于主观上努力，恰恰取决于当时媒体和舆论客观上的多元化和独立性，譬如西方文艺复兴时期的艺术家和思想家，他们正是通过各种艺术化的记录和表现方式，反映了他们触碰到的时代脉搏，也为后来的科学和政治种子的生长储备了足够肥沃的土壤。反观中国近几十年的发展，舆论和各种民间行为管制的加强，令人们越来越难以真正参与到社会事务中，而民间多元文化的衰落，更凸显了政治和资本合一的唯我独尊，国家每年投入巨大财力的所谓“文化事业”，往往供养了一批远离文化创造的行政官僚，生产了一批与民众文化需求无关的政绩工程，而对于民间的批评意见，居于“文化管理者”层面的官员，又总将其归入“意识形态上的反对者”加以剿灭，令整个中国文化生态趋于两个极端——要么娱乐至死，要么犬儒求生。

综上所述，我认为，当前对培育“文化自信心”最有效的行为路径是：

用法治的思维制约权力。譬如在“城镇化”政策的掩护下，对城市大拆大建、大搞文化工程的思路必须得到有效遏制，城市和文化，都是从市场经济的土壤中自发生长出来的果实，绝非依赖几个权力者“拍脑子想主意、拍肩膀合伙干、拍大腿叹失误、拍屁股就走人”的“四拍”就能硬造出来的。对一切创新激励和言论自由，也必须在法治的框架下进行治理，必须认清，“改革”的前提是“开放”。没有多元的生态环境，也不可能有单一物种的长久存活。国家层面，必须旗帜鲜明地反对一切“封杀、谩骂、诋毁、剿灭”的“文革”式思潮，不允许将任何人类文化（包括传统文化和西方文化）进行妖魔化、敌对化处理。唯有脱敏，才不过敏。

实际上，建立文化自信，是树立起全民族对彼此文化尊重的一个过程，而文化发展的根本意义，就是祛除一切反文明的暴力和暴政。别把文化自信，搞成了某些人的权力自信。

（2014年上海市十二届政协某次常委会上的发言主旨）

迟到

文明社会，就是一个强调契约精神的社会。

比如开会、见面能否守时，就是人们平素是否遵守契约合同的标志。

日本和韩国，都是对守时非常在意的。有一次，我参加一个日本公司主办的小型研讨会，由于路上堵车，我赶到会场时，已经比正式开会的时间晚了十几分钟，按照中国人的习惯，这根本就算不上什么大事儿，但我发现，自己进入会场的时候，几乎所有的日本人，都沉着脸盯着我，仿佛我欠了每个人一大笔钱，今天必须要还债。会议主办方还比较照顾我的面子，简单地解释了一下我迟到的原因，说因为“路上堵”，但这似乎并没有得到大多数与会者的理解，大家的脸依然阴郁。散会之后，翻译告诉我说：参加会议的日本人，都很准时到会，因为，他们不认为“路上堵”是导致迟到的正常理由——你既然知道路上堵，为什么不能提前出发呢？

不过，在德国人看来，不守时并不是指单纯的迟到，而是你不遵守约定的时间——就算你提前到了，也是不礼貌的。我有一次参加德国朋友邀请的家宴，结果，因为交通出奇的畅通，我比预定时间早到了半个多小时，于是，我摁了主人家的门铃，没想到，开门之后，已经衣冠楚楚的主人一家，依然满脸尴尬，原来，这是女主人正往餐桌上摆放餐具的时间，我提前进门，就会看见这一幕，她觉得把自己的忙乱展示给客人看，是一件很丢人的事情，所以，我又被人家用眼神暗地里埋怨了……

其实，我对德国人严格遵守时间习惯的了解，还要始于二十几年前，那时，我还在一家大型国企担任干部，有一次我随领导赴慕尼黑出访，我要与德国方面商讨一个政务晚宴的安排事项。负责接待的德国公司，多次要求我确认中方领导的年龄、身体情况，以便计算他从台下的座位处走上舞台，具体要用多少秒，从而好选择是播放音乐A还是音乐B，同时，还要我必须模拟一下这位领导的语速，统计祝酒词的总时长。我对这些琐碎的要求，真有些不耐烦，尤其是对祝酒词这部分时间的掐算，我认为长一点、短一点又有什么区别呢！德国人不得不详细向我解释：这是因为后厨烧制主菜和服务生将餐盘送达客人座位的时间，将决定菜品的热度、口感和滋味，所以他们必须要如此精算，以保证晚宴中客人能享受到最佳品质的服务。

我那时才搞明白一个道理：精细、准确，正是一个真正的工业化社会的重要表征。实际上，我并不是一个喜欢迟到的人，但在中国，习惯于迟到，却是生活中必须保持的一种“良好心态”。

也许按照我们这个社会的逻辑：不忙的人，一定是无用，也就是没什么出息的；忙，就代表你有社会价值；而越忙的人，就越有可能将微小时间的误差累计并放大……所以，在各种会议和聚会时，那个最重要的人，一定应该是最晚来到现场的。于是，大明星或者大领导们，便理所应当地拥有了“天然迟到”的权利。而来得越早的人，说明你越没有社会地位。

事实也证明，凡我在中国参加的会议，特别是各类论坛，只要不具备“国际性”和重要的“政治性”，基本没有准时开始的，而最普遍的理由，也往往就一个：等领导！

更有意思的是，越晚来的大领导，也越是在会议上停留时间最短的人——秘书们的统一说法是：领导还忙着赶下一个“重要安排”，讲完话或者剪完彩，马上就要离开。参加会议的各位知识分子，一般都属于“不解风情”的。一方面，凡要在会上发言的，都特别希望有大领导参加能为自己的学术表达“背书”；另一方面，让他们失望的是，等到他们该演讲的时候，那些被等了半天才姗姗来迟的大领导们，早就念完了秘书们写的“致辞”，一溜烟地提前走掉了。所以，很多本来最该让领导们听到内容的论坛，最后都成了文人们典型的“自娱自乐”，难怪有人略带嘲讽地说：许多领导们之所以在学术上“没长进”，全是因为他们来参加学术活动，一直只听到自己讲的，从来没听到别人说的，久而久之，焉有不“用进废退”之理？

有位先贤，曾说过这样一句话：“浪费别人的时间，无异于谋财害命。”

生命最可宝贵的，不是别的，就是时间。无论权力、名誉和金钱，其终极目标，都是控制人的时间，或者说，是在各种交易条件下，用别人的时间来完成自己不屑于做的事，从而实现自己的梦想。从这个角度上，你就不难理解为什么人类制度上一切奖励和惩罚，最终都是以时间作为“交易成本”刻度的。譬如，奖励说到底，就是拿多出来的资源交换他人的劳动做“时间替代”，而最严厉的惩罚，即褫夺你的生命。

尽管已看穿如此，但许多领导们还是继续着这项“谋财害命”的事业，但表现出来的，却是一副父爱的模样：希望大家别迟到，早到早完工。

十几年前，我有一次与法国某电视机构合作直播的经历。我们的领导，永远要我们中方工作人员提前七八个小时到现场准备。大家起个大早都赶来了，但因为管理效率低下，程序条理不清晰，又不知道该干什么，怎么干，经常是乱哄哄一窝蜂地做了一堆事情，最后，又不得不返工重来，片场充满了我们的抱怨声。而法国方面的工作人员，却总是只提前一两个小时来，但工作条理清晰，虽然每人都累出一身大汗，但极富成效。直播预演结束后，我们的领导很高兴，说：“为了明天的成功，大家今晚一起吃个饭吧！”没想到，许多法国人却婉言谢绝了，他们的理由也很充分：你们花钱，只是在工作时间雇我做事，其余的时间是我自己可以支配的，我们还要陪家人，陪朋友，有别的事情做，而且，今天如果因为吃饭熬得太晚，明天还有什么精力投入直播工作呢？如果把“庆功宴”也当成工作中的一项，那么，请你们另外再单付费……

这件事，算给我这辈子留下了深刻的印象。我的一位同事，当时就对我说：“看到了吧？这就是职业精神。”我苦笑着说：“唉，人家早就说了，西方人干活是累而不苦，中国人干事是苦而不累。”此时，领导恰好走到我身边，拍着我的肩膀吩咐道：“记住，明天早来，千万别迟到！”

理性与选择

——公开信息对医患关系的改善

我今天想先讲一个与医疗无关的案例，就是国庆节期间发生的著名“青岛大虾事件”。

“青岛大虾”究竟是一盘38元，还是一只38元？这是消费者与商家发生纠纷的关键。如果用法律的角度来审视这个案例，首先是买卖双方对合同约定项目的理解上，存在重大分歧。在食客吃完之后，结账的时候，再正式公布一只虾卖38元，这个名叫“善德”的餐厅，真是既不善也缺德。但对于这种商家未尽到告知义务，恶意误导消费者的行为，我们除了举报之外，有什么纠错的好办法吗？

从经济学的角度上，有人给出了一个答案：通过增加博弈次数，来消除信息不对称，从而避免让消费者一方遭受太大损失。兔子不吃窝边草，就算品性极恶劣的家伙，对熟人也是忌惮三分的，估计这个“善德餐厅”，就不大敢拿这种“阴招”来欺负街坊邻居。因为邻居有机会老来吃饭，对菜价熟悉。上海很多老阿姨愿意穿睡衣逛菜市场，实际上，根本不是什么“市民素质低、穿衣不讲究”，这恰恰代表了上海市井生活的智慧：她们用这种方式来警告商家：我家就住在你附近，别骗我，否则老娘会招呼七大姑、八大姨弄死你。

而所谓的“无良商家”，正是看到多次博弈无利可图，于是才专门挑选生人下手“宰客”，这就是车站、机场这种交通场所和旅游景点，骗子横行的原因——你很难再来与其进行多次博弈。青岛大虾，也是专门坑游客，而且，大多数人都是吃哑巴亏，因为举报查证，成本实在太高，算了吧，“吃一堑长一智”。结果，就是无数人会继续把这一堑吃下去……但大家都忽略了一个问题：你之所以“吃一堑”后“长一智”，是因为基于大脑对信息进行了累积、处理并上升为预警，也就是说，“吃亏”的信息，已成为你认知体系中的“共享信息”，它成为你的下一次“避免吃亏”决策的依据。而这家黑心店，它也是留有信息痕迹的——比如消费者的向工商、公安的投诉。事后我们采访获知，当地公安部门在之前已经多次接受纠纷投诉了，但因为纠纷都未上升为治安事件，所以，都没有调查立案，也没有向公众公开。换句话说，由于工商、公安部门“合法却不合理”的懈怠，让这些信息全都“沉淀”了，没有成为社会平台上能够给公众“提醒”的信息。如果不是这次，食客咽不下这口气，利用了互联网广而告之，还不知道有多少人会继续上当受骗呢！

我之所以要举“青岛大虾”的例子，就是因为，通过这个案例，我们会知道，单次博弈、信息鸿沟和与此带来的理解差异，是造成矛盾的原因，而消除矛盾最好的方法，就是有针对性地照方抓药——多次博弈，信息公开。

这就是互联网时代，“大众点评”的魅力，公众通过自由选择，把社会总体上的试错成本，分散为个体试错，但技术上又可以将试错信息公开、共享，它既降低了购买者的风险，也改善了供应方的服务，从而实现真正的“双赢”。

关于医患矛盾，从本质上说，确实是信息不对称的结果——人体是最复杂的系统，没有任何一个医生敢说手到病除，目前，也基本上是按照已知信息，用排除法的原理对病因进行推理判断。我们不能把医疗服务简单地等同于一般商品，病人也不能按一分钱、一分货的标准来衡量医疗水平。事实上，医生必须要承认，对人这样一个复杂系统，是有认知边界的，治疗是有不确定性的，神医是不存在的。无限制地拔高医务人士的道德感和医术，恰恰是伪造信息，危害巨大。

医生和病人在信息储备和认知能力上存在巨大差距，加上医疗服务在有限供给和无限需求方面的严重失衡，以及病人、家属过高的期待值，和被痛苦折磨时精神上的异于正常等等，都是导致医患冲突的原因。

我在这要强调的是：如何最大程度地恢复双方的理性，才是化解矛盾的关键。

由于政治原因，我们每个中国人都习惯了“弱者即道德，反抗即正义”的思维定式，总爱用比惨的方式来强调自我的正确，而医改的目的，恰恰是要超越单纯的技术层面和情感诉求，走向有利于医患双方的制度设计。特别是，不能单纯强化医疗专业系统的话语权，也要让患者有更多权利参与选择。

所以，医改所谓的提高医疗供给，并不能仅是指“单一总量供给”，而应着重于品种的多元化，公立和民办、财政投入和社会资本都要重视，强化医疗的公益性，不意味着继续吃大锅饭，也要强调公平竞争和改善服务。只有在多元化的前提下，时间优先、空间优先和价格优先的组合策略才能发挥作用。现在的三级诊疗制度，其实就是遵循这样的思路，只是要彻底消除行政设置的各种不必要的准入门槛，实现资源重组，还任重而道远。

更重要的是，必须保证信息的开放度，不仅让第三方监督机构能够对医疗系统有较为客观的评价，也促使公众（患者）不至于时刻处于信息闭锁的焦虑中，而且，可以成为医疗服务的直接评价者和选择者——就像有能力选择家庭医生的患者，就很难对自己的选择不买账，而不会只是一味责怪医生不尽责的。

作为媒体从业者，我希望医疗机构不要简单地责怪是媒体报道，认为是某些报道的失实或者失误，加剧了医患矛盾，试想，如果没有媒体报道，医患冲突天然就会减少吗？医患关系自然就会改善吗？答案是：没有半毛钱关系。而我所在的东方卫视，曾推出全记录栏目《急诊室的故事》，其目的，就是让医患双方都能看清自己的所为，会给对方造成什么样的影响。理解的前提是沟通，沟通的前提是开放。

当今社会，许多“群体性事件”的爆发，其主要原因都基于三点：一、决策不透明或透明度差；二、公众与决策者认知差异太大、沟通成本太高；三、缺乏中间地带，没有第三方组织作为沟通渠道或监督平台，能起到缓解冲突的作用。

从某种程度上讲，医生和患者，在现在的医疗制度上都处于被动状态，比如医生的多点执业长期是受限的，再比如患者对医保机构是无法像购买车险那样，选择保险公司的……所以，双方都在现有体制下有强烈的压抑感，打破压抑最简单的方式，就是怪罪对方，不出问题才怪。

我一贯认为：理性的高低程度，和选择的多少成正比。

如果有一种制度，让人们的选择权天然就少得可怜，那么，这项制度的设计者就必须面对两个选择：一、承受这个社会的各种非理性爆发和冲突；二、修改这个制度！

（注：本文是2015年参加上海市关于医患纠纷问题研讨会的讲话稿）

改善交通，请先从“公交专用道”入手

无数次的大面积交通拥堵，已让首都成了名副其实的“首堵”。

与北京的机动车保有量超过500万辆相比，上海人很庆幸这么多年来所实施的“私家车牌拍卖”制度，至少将机动车总数控制在了300万辆以内……但是，近来沪上的交通也有点“王小二过年——一年不如一年”了，看似沪牌新增车辆尚属“可控”，但许多外地车牌的小汽车却根本不必理会这张“昂贵的铁皮”，满世界可见。虽然上海规定，交通高峰时间外地牌照的车不允许上高架，但有人偏不信这个邪，我就硬上了，你又能把我怎样？即使被抓拍到，交警要罚多少次，才能罚到（车牌）七八万块钱呢？

与香港、新加坡市这类封闭性城市不同，上海毕竟是个开放性的城市，任何限制汽车拥有的行政手段，最多只能减缓新车增长速度，却很难根除人均GDP超过14 000美元之后国人的“小汽车依赖症”。

近二十年来，上海的交通城市建设历经了两大阶段——前十年，主要靠建高架道路以纾缓地面的交通资源紧张；后十年，则靠大力发展轨道交通，将地铁总里程提高到 470 公里左右。这种立体的交通格局，使得这座目前拥有 2 347 万人口的城市还算“流动”正常。而现在，我们又不得不正视日益严峻的交通形势了——在城市建成区已经占市域总面积 47%（这个数字远高于国内外许多城市 30%左右的平均值）的特大城市中，硬件投入的增长已经到达了极限，未来十年，“排堵保畅”的出路何在？

据统计，目前上海日均交通出行 3 000 万人次，也就是说，有一半以上的上海市民，每天因为工作、生活的需要，得出门跑个来回。地面公交依然是主力军，大约占总运量的 50%——1 500 万人次，地铁则承载了 700 万人次，而剩下的 700 多万人次才是靠小汽车来完成的。尽管有人认为，地铁还有成长的空间，但我认为，地铁即使再成长，运量也有限了——现在十几条地铁延长线已经基本抵达郊区边缘，城市中心区的运输能力已达到饱和，而地面公交的运输能力，则在抵达 1 500 万人次的“峰值”之后，渐露疲态，开始走低……

毋庸置疑，与地铁的快捷性、舒适度相比，上海的地面公交越来越没什么优势可言，但其可取之处乃是价格低、站距短、布点多；当然，对政府而言，开设公交线路的投资相对于“大兴土木”修建地铁或高架桥，也相对较少。那么，人们为什么愈来愈对公交啧有烦言呢？乘坐的时间成本太大——势若“百舸争流”般的百车抢道，这些年，地面公交的准点率实在是不敢恭维！很明显：如何想方设法提高公交运输效率便是当务之急。

众所周知，上海城市中心区近年来一共划定了总长160公里的“公交专用道”，譬如延安路高架下面就有。大概是考虑到高峰期间车辆的疏散与分流，与香港和新加坡等地不同，上海的公交专用道与普通车道之间并无明显物理分割，这本来是一个仁慈的照顾举措，但令人遗憾的是，专用道便经常“方便地”被各类非公交机动车所抢道挤占，加之交警对此的执法力度又不够严苛，久而久之，“不占白不占”竟成了许多小汽车的行车惯例……

东京的汽车数量远超过上海，而其城市道路总里程并不比上海多，但很少出现严重的交通拥堵，我认为，这与日本在交通管理上的注重“公交优先＋严格执法”有很大关系——开车“不守规矩”，实质上无疑是对公共资源的一种侵害，它不仅造成有限的城市道路通行效率大幅下降，也致使“公共交通”处于劣势地位，准点率下降，人们逐渐放弃了乘坐公交，加入“购车一族”的大军……拥有车辆，其实是每个市民和家庭的权利，但平时多开或者少开，则从另一个侧面，印证了公共服务的便利性与否。上海行政部门现在不能仅仅考虑如何维持住地面公交日均运送1 500万人次的基数，而更应该想办法将这个基数继续提高，而老百姓乐于乘坐公交车的前提，就是公交车比私家车享有更多的“特权”。

如果说，过去的二十年，我们把改善上海城市交通的期望，都寄托在了“硬件”身上，那么未来十年，就在于怎样才能把“公交专用道”这个类似“软件”的制度优势发挥好！

（本文写于2012年。作为上海市政协委员，我亦提交大力改善公交专用道的提案）

能把事情讲清楚就很不容易了

辞职一旦成了“潮流”，会令整个行业人员对自身的存在价值表示怀疑，继而产生严重的恐慌——毋庸讳言，曾经强大的传统媒体，最近，就面临这样的折磨。

互联网，颠覆了一切人的优越感。

这种“去中心化”的大趋势，令一贯依赖权力、体制的传统媒体开始找不到方向。毕竟，在人类的思想史上，“只有一个老板”的时代，一般都是痛苦最多的时代；而春秋战国时期的“百家争鸣”，前提恰恰是“世界上不只有一个老板”。

于是，也有人经常问我：你是不是也不打算干了？

我说：干一行、恨一行，不正是绝大多数人的心态吗？任何人和任何节目，都有其创作和生命的周期，佛教讲“成住坏空”，释迦牟尼去世前不就说：“世间凡生成聚合之物，皆不久住于世。”在这样一个变革的大时代，我当然要考虑转型。

又问：那你找好地方了吗？

我笑了：如果仅为了跳槽而进行转型，那么，很容易就成了“从一个火坑跳进另一个火坑”。你真以为体制内外有那么大区别吗？代表资本利益的企业家，或许更不会给你说话的机会。“空谈误国，实干兴邦”这句话，不正是很多提意见的人所收到的最多回馈吗？问我的人，此刻有些疑惑了：那你究竟是继续干呢？还是不干呢？

我回答：关键并不是在哪儿干的问题，而是先要想明白——干什么、怎么干。

在一个信息生产和渠道多元化的时代，因为人们的表达成本越来越低，“随意性”也就显得愈发泛滥，这也导致“能指”与“所指”严重不对称。我们每天沉浸在唾手可得的语言、图像和文字中，似乎以为自己看清了某些事物，实际上，只不过是看到了“我们能看到的”和“我们以为看到的”。众多的暴戾事件已经证明：整个社会的偏见和刻板印象非但未见减少，反而增多了，而且，很容易转化为对他人实施侵害的行动。

原理很简单：浅薄与容易获得总是成正比。一切暴力，都是基于自卑和恐惧，而一切冲动，都是源自一知半解或懵懂无知。

我六年前开始主持《东方直播室》时，曾想了一句节目口号：“话不说不清，理不辩不明。”虽然这句话沿用到今，但我却日益怀疑它的有效性——我们真能够把事情讲清楚吗？辩论的目的，如果不是为了追求真理、达成共识，而是意气用事、互争面子，在缺乏有力证据和科学论证的情况下，是不是会“越辩越糊涂”？最后，甚至会演变成“动手不动口”的互殴，或者“你死我活”的谩骂？

在批判性思维训练的过程中，对于辩论的原则，只有一点要求——“勿以不可辩驳的态度和方式提出异议”，遗憾的是，在现实中，这个原则，总是被情绪化至上的人们率先打碎的。

所以，节目的“元叙事”，首先体现在你能不能“把问题先讲清楚”。对新闻的事实判断，永远应该高于价值判断，否则全都是“扯淡”。

但是，“把事情讲清楚”真不是件容易事。我们这个民族长期缺乏逻辑训练，几十年来，又太习惯了毛主席语录那种“断言式”的结论，导致我们对事物的理解，很容易形成主观上的情绪表达，而非客观上的逻辑判断，也难怪木心先生在《文学回忆录》中就曾有这样一句“断言”：中国人有的是正义感，却无正义。

举个例子，这是一则新闻的导语：日本首相安倍晋三郎日前在日本国会，就修改《和平宪法》、扩大自卫队权限的草案进行狡辩。

为什么一定要用“狡辩”这个明显带有情绪色彩的贬义词，而不是“辩解”这样的中性词呢？

由于“狡辩”在前，很容易造成后面所有的事实陈述都显得无意义，这就像是一个人还没有开口讲话，就被你一枪毙命，然后你吹着枪口的硝烟，得意地问那具尸体：

"请问，你还有什么话说？也说来让我听听呗？"

请别误会，我这么说，并不意味着我主张传播者必须拥有社会普世价值观，但我更愿意让受众在我的陈述中，自己建立起判断，并最终趋向于对"真善美"的理解和接纳。

目前某种貌似正确"宣传思维"的可怕之处，就在于取消受众选择的权利，替你做主，甚至强暴地要求你必须这样思考，否则，我把你当敌人整死你。在各种"洗脑"和巨大的恐惧之下，民众岂有追求真相之动力？社会何谈捍卫真理之底线？

白岩松先生是我的好友。2000 年，我还在中央电视台专题部做编导，白岩松去澳大利亚参与了对悉尼奥运会的报道工作。14 年后——2014 年 5 月 6 日，白岩松在广州给媒体同行讲课时，举了当年的一个例子，给了我内心不小的震动——

白岩松说，悉尼奥运会正式开始前，他从其他媒体得到消息，说是中国奥委会实行了最严厉的兴奋剂检测，中国许多著名的运动员赛前全被"干掉"了。那天央视国际频道播发了一条新闻，大意是说，下午几点，中国奥运代表团的团长袁伟民在某个会上强调，宁可牺牲成绩，也要一次干净的奥运会。这个新闻很标准，符合"五个 W"，我们都没觉得有什么不妥。

但隔了一个多小时，澳大利亚新闻也出来了，但他们的叙事结构，和我们的“新华体”完全不一样，一开始就说“中国运动员×××在宿舍里收拾东西，他不是去参加奥运会，而是要回河北老家”，再往下，这个新闻继续解释：“×××是昨天接到通知，他的血检不合格，无法参赛了，我相信他的对手都会大松一口气，因为×××是金牌的有力竞争者”。

下面是“和他遭遇相同命运的，还有很多中国运动员：×××，××……”然后才是“袁伟民开会时讲了什么话”，这则新闻的结尾，是×××走出国家体育总局的大院门口的画面，解说词则是“他回河北老家，坐车要坐几个小时，但是没有人知道，他想要重返赛场，要花多长时间”。（详文可参见南方周末图书工作室《马后炮》2014年秋季号 P. 191－192，《请给我讲一个好故事——白岩松的新闻课》。）

你更喜欢哪一个故事表述方式？

“以人为本”长期成为我们社会高喊的一个口号，可是，在实际工作中，我们却经常有意无意地忽略了这样一个准则。

没有“人”的故事，根本就构不成好故事。

我是中央戏剧学院毕业的，当年阅读彼得·布鲁克《空的空间》一书，就被他的这句话所深深地影响：“我可以选择任何一个空间，称它为空荡荡的舞台。一个人在别人的注视下，走过这个空间，这就足以构成一幕戏剧了。”换言之，只要存在任何形式的“观演关系”，戏剧就存在，戏剧性就存在。

现在的问题是，我们所强调的“以人为本”理念，对于音视频节目的采编者而言，不仅仅是要凸显内容中的“人”，还要站在受众这个“人”的立场上去考虑问题。当然更不要忘记，一切音视频的作品，还存在一个隐藏在镜头和话筒之外的、永远在暗中观察并记录事物的那个“人”，他的选择，直接决定了受众的选择。如果按照李白《月下独酌》诗中的意境来解释，那可真的是“举杯邀明月，对影成三人”了。

我所在的东方卫视，这些年做了许多真人秀节目，而说到底，综艺娱乐节目与新闻节目，在本质上并没有什么不同——都是在“讲故事”，那么它们均由四个要素所构成：

1. 角色

2. 悬念

3. 情绪（冲突）

4. 细节

这也正是国际上所有真人秀节目手册上，都必不可少的四项内容——电视的任务，就是将其表现力发挥到极致。

我举我自己的一个实际例子：1998年，在全国进行大规模产业调整，大量工人下岗分流的时期，我曾经去东北沈阳采访，当时采访到一个名叫张成哲的全国老劳模，他正带领沈阳几十位曾经的全国劳动模范开办一家“劳模物业管理公司”。

冲着镜头，张师傅自然是侃侃而谈，但所说的大多像宣传稿，什么“感谢党、感谢政府支持，我们要坚持发挥劳模精神，下岗退休不沉沦”之类，空洞无物，连我都听不下去。这时，我就开始寻找他办公室里的细节。忽然我发现，他的办公室和家具虽然很新（刚开办两三个月），但他这个“总经理”坐的老板椅，扶手却磨得连海绵都看到了，我就突然问他：这把椅子是老家具吧？

没料到，我这一打断，张成哲师傅马上显示出了焦虑，说话也显得“正常”了——“唉，这椅子我才用了两个月。你想啊，我们以前这些工人，都是摇摇把儿、锉锉刀的，哪开过什么公司啊，要找业务，可又拉不下这张老脸，公司财务一会儿就没钱了，就催我得赶紧找挣钱的业务，不然工资都发不出了，我这个急呀，一着急，我就抠这地方，马上就抠烂了……”

你们看，这就是细节的力量，一个细节，不仅让张成哲回复到正常的语境，“劳模公司不容易”也被表现得淋漓尽致……

唯如此，观众才有被“代入感”；你的节目，也才不致被人们迅速因枯燥、厌恶、不知所云而抛弃。

如果有人希望我"一言以蔽之"，总结我作为记者和主持人的风格，我想不是所谓的"亲和力、口语化、接地气儿"，更不是什么"犀利、睿智"，这些词汇，毫无切实内容，都是莫名其妙的优越感表现，对于制作者而言，不仅无益，而且有害。

我认为，采编者（记者、主持人）唯一的任务就是好奇、发现、提问——新闻人的使命，绝非给大家提供"意义"，而是提供能够产生意义，或与意义有关的新的事实和细节。

所以我提问的标准就两个：一、从最具有悬念（我不明白）、最接近事实的细节的地方发问；二、剩下的……就是"装傻"了。

现在太多的主持人（包括采编者）最大的问题，也是两个：

第一种，抖机灵、装聪明，动不动就愿意给人家定性并作总结。有时我也是百思不得其解，请问，如果你已经找到了该事物的意义，那还装什么大头蒜，装腔作势地搞采访呢？

第二种，大多数记者、主持人由于对事物本身并无真正兴趣，加之缺乏逻辑训练，所以，大多数提问都是平行问题——问过了，就算过去了，然后重新"起范儿"再问下一个问题，而且与前一个问题毫无联系，整场采访，就像没头苍蝇乱撞，东一榔头、西一棒子，也搞不清他究竟要干什么。难道你不会追问吗？我坚信，所有好的内容，都是追问所得到的结果，一切科学、艺术和思想的结晶，都是锲而不舍地拷问真相、追寻原理和摸索规律的必然所得！

至于一个节目的意义，凡是能被说出来的，都不是真正的意义，它的复杂性，正是一切艺术的魅力之所在！

所以，哲学家维特根斯坦才会在他的《逻辑哲学论》中，留给人们这样一句话："一切可以赋予人生以意义和价值的东西，都是不可说的，他们是如此之神圣，以至于不能被说，只能在沉默中显示。"

（注：2015年9月，我接受上海戏剧学院邀请，给影视学院本科毕业班的学生上名为《节目采编》的必修课，此文是我9月7日第一讲的部分内容）

配合

做了 20 多年媒体人，我大概也算形成了一些属于自己的“风格”，但我从未想过要“总结”一下——譬如开个什么“骆新主持采访风格研讨会”。

但既然总是不断地被人问及风格问题，我就不得不溯本追源一下，讲一个 40 多年前的小故事。

那是 1976 年，我才 8 岁，上小学二年级。因为我生活在北京的一个国家机关大院，那时候，中国还没有改革开放，“外事活动”往往被视为重大的一项政治事件，而我们机关子弟小学，就经常被指定为外国友人来华访问时参观的“重地”，且几乎每周都会有一场接待任务。我们这帮孩子，从小就被培养出了一种表演天赋——需要会唱许多东欧社会主义阵营和亚非拉国家的歌曲，无论是上课、游戏，甚至上厕所，都要拿出一种斗志昂扬的精神面貌，展示给来访的各国贵宾，让他们看到一个个中国少年儿童的“幸福状态”。

有一天，又有一个参观团来访，哪个国家？忘了；谁陪同？也忘了。对一个孩子来说，这些都不重要，重要的是“我的表演是不是像真的一样”。

我们按照原定计划：集体欢呼雀跃。用我们背了一个星期才学会的这个国家的语言呼喊“欢迎、欢迎、热烈欢迎”，我和一些同学齐刷刷地跑上前去，为每个外国贵宾和陪同嘉宾戴红领巾。我那时负责戴的人，是中国的一位陪同的领导或者是名人。究竟是谁？我也记不清楚了，好像是位相声演员。戴好红领巾以后，我就要“欢快”地拉他的手，把他拉到大礼堂，观看学生们和部分专业文艺工作者给访问团表演的节目。

进入礼堂以后，第一排，我们一个小朋友隔着一个大人坐，演出永远是成功的，气氛永远是热烈的，我们的表情永远是幸福的。可这时候，坐在我身旁的这位叔叔，小声问了我一个问题——他说：“今天这一切，你们是不是准备了很久啊？”我怎么回答？我嗫嚅着说道：“是老师让我们这么做的！”但这位叔叔又紧接着问了我一个问题：“小同学，你真的喜欢这样吗？”

说实话，这个问题彻底把我问懵了。我现在已经忘了，自己当年是怎么回答的，但这个问题，却如影随形地陪伴了我后来的这四十多年……

是啊，我真的喜欢这样吗？

这个社会，处处强调“配合”。我们从小所受的教育，就是你要“懂事”，而所谓懂事，说白了，就是配合——别让人太难堪，与人方便，自己方便。既然我们承认哲学上“人是社会关系的总和”这一命题，主张“和而不同、求同存异”，本来也属正常。可是，“配合”的时间长了，“异化”便在所难免：只许求同，不准存异，只要集体主义，没有个人精神，只能有一个标准答案，不能有其他的声音……请问，你真的喜欢这样吗？

前不久，正好是“上海杰出青年”评选，作为以往的“杰出青年”，我也忝列评委，要向候选人提问。有人问我：你素来尖锐，你若提问题，肯定会让候选人非常难堪，会毁了他们的。我回答说：如果一个杰出青年，因为没能回答好一个问题，就被毁掉了，说明此人完全不够“杰出”的资格。

什么是真正的好问题？就是必须直面现实的问题。首先不回避，才能证明你是否有承担。“你认为责任重要，还是荣誉更重要？”“你如何能够将家庭与事业相平衡？”在我看来，这些都属于“配合式的共性问题”，看似提了，但并无具体所指，让候选人脱离了各自的领域和工作实际，反倒不能凸显其独特价值，所以，这样的提问就像“如果用一个词来形容你自己，你是一个怎样的人”一样，毫无意义。

我的提问很直截了当。有个姑娘，是上海地铁的一名工作人员，在人流量最大的“人民广场站”值班，每天要干的事，很琐碎，但她有一件令自己很骄傲的事情——她说，我在人民广场站搞了一个“音乐角”，请了上海很多著名的音乐人和专业乐团，在地铁站内，周期性地举办短小精干小型音乐演出。我针对这个细节，马上就举手提问，我说：地铁站从来都是以疏散客流、保障乘客安全作为第一要义的，但你却在人流密度如此之高的地方搞音乐会，你这究竟是帮忙呢，还是添乱呢？

我这个貌似“不怀好意”的问题，甫一提出，现场就爆发出一阵热烈的掌声和笑声——许多人都认为，这是一个有价值的提问。

也正是因为这个“不配合”问题，给了姑娘认真阐释理念的机会，她的回答也很有见地：“乘客不是物，而是人；而人类社会的秩序，往往来自尊严，而艺术，恰恰张扬了对人格的尊重……”大概正是因为她的回答从容不迫，且另辟蹊径，最后，这位姑娘脱颖而出，终于当选了！

什么是真正的配合？有问题，能够去解决它，就是配合；有固化的程式，敢于去打破它，就是配合；奥运会上，既然“更快、更高、更强”是目标，那么努力夺取锦标、超越自己，就是对运动会本身精神最好的配合，而不是总是一味叫嚷什么“友谊第一、比赛第二”，认真比赛，就是给对手最大的尊重，也才是真正友谊的源泉。

许多中国人所谓的“配合”，说到底，不过是要求大家忽略现实问题，照顾好自己的心情和面子，不仅于理无据，而且于事无补。

一个不愿意回答现实问题，不愿意面对人生困境的个人或民族，是不会赢得真正的尊重的。

至于谈到人际关系中的“配合”，允许我再讲第二个故事。

我上中学的时候，曾经是北京市一个著名的中学生组织的负责人，前不久，我们这个组织成立30周年，大家在北京搞了一次聚会，全国乃至全世界各地的老同学们都相见了，相谈甚欢后，集体决定搞一个微信群，从第一届到第五届成员，我们凑了近200人，真是不容易——我们今天许多人都50岁了，而我们认识的时候，才十几岁啊。于是，大家在群里是无话不说，就像失散几十年后找到亲人一样兴奋。

但是，我们这个群，不到一个月，就分裂为五个群，因为什么？道不同，不相为谋——有人开始互相辱骂，你是“五毛”，你是“美分”……关键就是观点不一样，也许我的表达比较温和，我被先后拉到五个群里面，就这样看着他们互相攻讦，我很难受，就想，为什么会这样？关于此事，《中国新闻周刊》的主笔杨时旸先生还曾写了一篇文章。他说，你不要搞错——朋友分两种人，一种是价值观朋友，一种是情境式朋友。价值观朋友经过漫长的时间检验，同气相求、同声相应，可以彼此宽容、理解、帮衬。而情境式朋友，只不过是熟人而已，所以，万万不可用要求“价值观朋友”的标准来要求“情境式朋友”。

我们这几百个人，彼此分开至少有30年了，就算30年前曾经有共同的理想和梦想，共同的教育背景，共同的生活环境，但30年后天各一方，有人远在其他国家，有人长期就在中国。这里面，有“海归”，也有“土鳖”；有官员，也有草民；有对社会充满希望的，也有充满仇恨的。你怎么可能希望，对一件事情大家都会有一致的看法呢？何况微信跟互联网表达的门槛是非常低的，它会让你有话就直接讲，你当着我的面，还不一定说，但是在微信群里，说也就说了，但你没想到，你的许多话，说出来，就结仇恨，一结仇恨，就分家了，分家后，就不断拉人站队，最后就形成不同的阵营，公开对立。这就是我们错误地把“情境式朋友”当作是“价值观朋友”的痛苦。

今天看看我们周边的同事们，你会发现，你们是在一个办公室上班，但是吃饭的时候，每一个人都在看手机，有的领导就不满意，我们是不是一个单位的人？我们是不是一个大家庭的人？大家在一起吃饭，你们都不放下手机，我们为什么不能沟通一下？……但我想说，就算是一个单位或一个家庭，那也是因为时间和空间的特殊性，暂时把你们联系在了一起，但是，你们真的是价值观相似的人吗？当然不是，夫妻都可以同床异梦，父子都可以反目成仇，同志都可以薄情寡义。人与人之间，有如此巨大的差异，但我们的传统理念和陈旧的教育方式，却一再告诉我们，我们都在一个集体，这个集体必须让我们获得同样的价值观！

这才是对我们最大的欺骗。

当您孩子拿手机跟朋友聊，不跟你聊的时候，他长大了。他有他自己的朋友圈子，你不要用你的方式，让他放下手机跟你聊天。你得想想，是不是你和他们没有找到共同语言？你跟他们有多久没有沟通交流了？

我们的距离有多远？绝不亚于火星到地球的距离。当你遇到美国人，你跟他讲夏洛的故事，美国小孩子大多是被夏洛这样的故事所影响而长大的，他一定会和你有亲近感。但是你问中国的小朋友夏洛是谁，不知道，他只知道“夏洛特烦恼”。美国人知道夏洛，就像中国人知道孙悟空，你谈孙悟空，美国人不知道你谈什么——你们没有共同的语言。我们总认为，我们看到的世界，就是全世界，实际上，你跟对方的世界，离得很远、很远。

“价值观朋友”大多是靠多年的共事而获得的，“情境式朋友”，我们也可以通过增加情境交流的可能性，逐渐争取成为“价值观朋友”——即使不能实现，保持情境状态下的相处，不也是挺好的吗？

不要总是责怪你的孩子，不要总是责怪你的员工，孩子不能理解你，员工不了解老板的痛苦。你能不能努力跟孩子达成一致？你用高高在上方式表达，谁愿意成为你的朋友？朋友是什么意思？首先是平等。我的朋友、美特斯邦威的周龙先生，当年投资了《奇葩说》。主持人马东的年龄跟我差不多，但是马东说，他做《奇葩说》，他发现这一帮年轻人穿得很奇葩，活得很奇葩，我也要奇葩表达，因为我们要争取90后观众成为我们的朋友。马东甚至把节目的广告，都采取了90后更加接受的方式——重要的事情说三遍：这里是由最时尚、最时尚、最时尚的美特斯邦威独家冠名播出的《奇葩说》。他一点也不装了，我就告诉你，这是广告！

我们这一代人太装了。所以我们不敢提问，不敢表达，同时也不愿意理解对方的想法。

有一些人成功了，经常会被问这样一个问题：你是因为有了钱，才有时间交朋友，还是因为交了很多朋友，才有钱？

巴菲特的回答是：当然是因为后者。正是因为我交往了林林总总很多人，我才了解了“信息差”，我才能利用这些信息差做投资。

同样，作为记者，我正是因为认识了许多人，才能够真正体会到世界的千姿百态，我才会用更宽容方式对待公众。你越愿意和那些没有机会交往的人沟通，他们就会越多给你提供平常你接触不到的思路和机会。强关系不一定带来机会，强关系只能让你变得越来越狭隘，反而是弱关系会让你变得越来越开放。我们的改革靠什么？是开放，没有开放，所谓改革，就是瞎改！

互联网颠覆了一切优越感。你如果有一个积极的心态，又懂得和更广泛民众建立紧密的交往，你愿意面对最真实的问题，又保持有一种独立于群体的自我空间，那就是一个最好的状态。

我认为，基督宗教的十字架很有意思，我拿它来比喻我们与这个世界的关系——一横一竖，一横是代表人与人的关系，一竖是代表人与神的关系，我认为，社会关系的建立，首先取决于一竖，这个竖有多长，上面就可以附着有多少横，如果这个竖都没有，那么无论你拥有多少"横"，都是一地鸡毛而已，所以你受到别人尊重不在于你有多少权利、金钱、名声，而是内心深处是否有一种愿意追求超乎世俗之外的东西，这种努力，也是使得你之所以是你，而不是一个动物或是众生的重要依据。也是你自主创新，形成你自己风格的核心。所以，时尚界有一句名言："潮流在变，风格永存。"

上海应该长成什么样?

——上海“城镇化”过程中的文化保护和传承

如果用一句话来概括上海的城市文化，我想，“海纳百川”这四个字，大概是最能被人接受的。什么是“海纳百川”？说到底，就是“交融”。

交融的前提，是交流。而想要交流，距离就不能太远，就像“异地恋”时间一长，基本就淡了，所以要创造条件，保持交往互动的频率。

城市的主体是人、而不是物。建筑固然重要，但对于居民而言，“适宜居住”比“适于参观”更重要。但这几十年，被行政权力所主导的城市化，追求的大多是视觉上的惊艳，往往居住起来，就存在诸多不便了。比如“城乡一体化”，就经常被领导误解为“乡村的样子要向城市看齐”，而非追求公共服务和公民权利的无差异化。这样一来，城市以“消灭乡村”为己任，无节制地向郊区扩张，不仅让大家再也“看不见山，望不见水”，也瓦解了便于文化交往的传统社区，让人们在过大的半径内疲于奔命，对汽车过度依赖，不少卫星城“晚上是睡城，白天变鬼城”……实际上，城市摊大饼，并不经济，也不适于人们交往。

高架桥和宽马路，正在蚕食老上海的小街小巷，这虽然方便了汽车行驶，但人际之间以步行距离计算的慢行空间逐渐消失，而传统街巷恰恰也是大量商业、服务业赖以生存的土壤，在传统民居格局下，里弄、胡同、骑楼，还属于一种特别的人际交往空间，不然怎么会有“胡同文化”和“里弄文化”？所以，保持城市道路微循环的目的，可不仅仅是为“缓解交通拥堵”。

另外，在许多居住区的规划设计上，我们也容易把外来人口与原住居民、富裕人群和收入较低人群割裂开，高档商品社区一般跟保障房、安置房都隔着很远，到处建养老社区、青年创业社区，这样做的好处，是可以让土地效用最大化，但坏处也显而易见，就是人为制造了人群间的隔阂，甚至对立，就像法国巴黎和美国纽约的某些少数族裔居住的区，长期以来，都是治安较差的地方。

要解决这个问题，其实最好的技术方案，就是“嵌入式”：应在社区规划中，尽量考虑不同收入群体、不同年龄层次人的混合居住，人群之间相互影响、交流，不正是文化传承的要义吗？公共场所的硬件建设固然重要，但在互联网时代，为人群交流搭建类似微信的虚拟空间，政府更要有这样的软件思维和技术保障，香港、台湾地区的无线城市、免费 WIFI、诚品书店……其目的，都是增加人群粘合性。

我一向认为，城市居民之间，思想的交流，远比物质的满足更重要，找不到可以聊天的人，或者接触不到多元化的社会，很容易造成偏执、仇视和暴力。

交融，是一切创新的来源。为了保持这种交融，我们必须给资本——这种社会权力的扩张设置边界，否则，权力的膨胀，一定妨碍交融。

外滩的万国建筑之所以经典，就在于它没有让任何一种风格，成为唯一的建筑风格。而这些年来，"千城一面"现象，往往是先从成片的商业地产（万达广场）和住宅地产（万科、星河湾）的相似开始的。大资本动不动几百亩、上千亩地拿地，对于政府的土地财政收入而言，可能是好事，但对于城市风貌而言，绝对是一场灾难！如果在城市中心区，特别是老城区，我们能制定更加严格的规划标准，比如开发商一次只能开发不足五亩的土地，那么，像外滩就不至于出现 8 - 1 这样的巨无霸地块，而小片土地的开发，就会容纳更多的建筑师、设计师、企业家，充分利用自己的智慧，依靠建筑的差异化、经营的差异化，乃至文化内涵的差异化，来求得发展，这样，老城区那些石库门建筑，才不至于被成片地铲除，同样，外滩新建筑群也才会变得妩媚多姿，而不是一副财大气粗的土豪做派！

众所周知，上海的土地开发强度已经到达极限——城市人口 2 400 万了，土地硬化面积也已接近 48%，过度的开发，已经不再可能。上海必须确立自己与世界其他特大城市、与国内各大城市、特别是长三角城市群之间的关系，特别是要制定文化价值方面的“城市定位”，无舍，则无得。没有差异化的定位，上海的城市魅力，就会在贪大求全式的硬件比拼中逐渐凋零，沦为“千城一面”的又一个范本。

“设计”不能当“艺术”玩儿

（一）

中国大学的设计专业，特别是服装设计、建筑（环境）设计和工业设计，一般都要求，学生报考前有比较好的美术基础，但有意思的是——包括德国、日本在内的许多设计发达的国家，却并不一定要求考生“学过绘画”，只需要你对色彩、图形和空间有一定的理解能力，就可以轻松跨进“设计专业”的门槛。

我曾就此问题，请教过一位德国设计师，她同时也是一所以建筑、工业设计见长的著名大学的特聘教授——难道艺术功底对设计而言不重要吗？她的回答是：“IT 技术能够实现的，就让机器去完成吧，对人而言，创意才是最重要的。”

“创意难道不是艺术吗？”我又问。

“创意和艺术有本质区别：艺术，首先是艺术家自己内心深处想要表达的，评判艺术的标准，可以非常个人化；但创意不行，它一开始就是注定为他人而服务的，所以，评价标准就是客户的态度，说白了，设计师是要看客户脸色吃饭的。”

见我依然疑惑，她又补充了一句：“事实上，设计是不能当艺术玩儿的。”

中国人自古以来就不乏经典的好设计。

河北满城汉墓曾出土一件虹管灯，以长信宫宫女为主体形态，左手托灯柱，右手提灯罩，手袖设计为虹管结构，吸走灯烛燃烧时的黑烟，并送入盛水的底座将之溶解；灯柱部分呈圆柱形，有两块瓦状的活动罩板，可以任意调节光线量和方向（引自《中外艺术设计史》）。

大概是中国人太缺乏自我存在感了，至少自古以来，设计这些精妙物品的工匠名姓皆湮没无闻——现在，我见到太多的中国设计师，动辄就高喊要创立属于自己的“设计师品牌”……其实，有强烈的品牌意识，这是可以理解的，但必须清晰地看到中国刚从制造业贴牌、代工的初级阶段走出来，整体设计，特别是工艺、材料还远比不上发达国家，如果不能从这些“基础设施”的改进上入手，只想凭“设计”便平步青云、扬名立万，那还真应了“把设计当艺术玩儿”的谶语！

什么是好的设计？

读到一句话：“好的设计是为了美化我们的人生，而不是替代它。”（The purpose of good design is to ornament existence, not to substitute for it." ——Nelson, *Good Design: What Is It for*)

德国工业设计师 Dieter Rams 著名的好设计十条：

富有创新性（innovative）：创新的机会总是存在，科技进步总是为创新设计提供新机会。两者总是一前一后。

让产品有用（Makes a product useful）：产品必须有用，需要满足一定标准，这些标准不仅包括功能，而且还包括心理学和美学标准。好的设计不考虑任何背离产品的东西，强调产品的有用性。

能带来美感（aesthetic）：产品的美学特点与其有用性是统一的整体，因为你每天都要用到产品，它们会影响到你的幸福，只有好的东西才能称之为美。

能解释产品（Makes a product understandable）：好的设计能阐明产品的结构。如果能让用户通过直觉了解产品的功能，那会更好。最好的设计是让产品不言自明。

不张扬（unobtrusive）：能实现某个目的的产品就像工具一样，既不是摆设，也不是艺术作品。因此设计应该是中立、有限度的，给用户预留表达空间。

忠于产品（honest）：好的设计并不会改变产品自有的创新性、力量和价值，不会给用户开空头支票。

持久（long-lasting）：好的设计会避免时髦，因此永远也不会过时。即便是在现今的用完就扔的社会里也会存在很多年。

关注每一个细节（Is thorough down to the last detail）：好的设计不能有任何随意性。在设计过程中的用心和精确可以表现出对消费者的尊重。

环保（environmentally friendly）：好的设计需要对环保做出重要贡献，应该能够在产品的生命周期内节省资源，减少物理和视觉污染。

越少越好（Is as little design as possible）：更少，但更好。因为好的设计专注于核心方面，产品没有非核心元素带来的负担。好的设计纯粹、简单。

现在许多设计师（尤其是工业设计师）为了突出自我风格，非要在本来可以简化的地方刻意加上不必要的自我符号，像是艺术家在“搞创作”，这就有点走火入魔了。

乔布斯的 iPhone，之所以击败诺基亚等传统手机巨头，不就是因为主张了“最简单的，就是最有效”的原则吗？

所以，我的看法，可能与“突出设计师品牌特质”的观点，是有些背道而驰的。我认为，在后工业化时代，最好的设计，恰恰是不突兀，不矫情，是可以被简约到忘记设计师，也令你感觉不到的设计……即使你惊叹，也不是因为它太与众不同，而是你发现——世界可能本该如此！

同样，设计师与技术的关系，也不是谁依附于谁，而应是共同来完成一个好产品，一项好服务，甚至是一种好的生活习惯。

因为设计不是艺术。现实不容忍艺术，但设计则必须融入生活。

从这个角度上，我认为——筷子、叉子，就是有史以来，人类在漫长实践中所自然产生出来的最好设计。因为，它们已经做到了简无可简的好用和美观。

如果你小觑了它们，那么不妨请先回答一下我的问题：叉子的尖，为什么是四个，不是三个，也不是五个呢？……

（二）

在苹果、三星手机已经渐次成为消费“主流价值观”的今天，小米、华为、锤子、魅族等国产手机，依然能扬威于市场，不能不说与中国工业设计的崛起与互联网营销策略的广泛利用有着密切联系。

但需要注意的是，过分地强调“设计”和“营销”，并非决胜关键。

华为 mate 7 甫一露面，就以各项指标和参数与苹果 iPhone 6“试比高”，且当时价格比 iPhone 6 低近千元，但其市场热度依然难敌苹果。与华为一样，罗永浩的“锤子手机”也未能达到许多人的期望——尽管老罗不断强调自己产品的设计师，就是苹果公司的“前设计师”，但谁的名头，能比得上产品本身更有说服力呢？

反倒是售价不足 2 000 元的小米手机，令我惊叹，它在市场上一直走俏的原因，究竟何在呢？

急功近利的社会心态，必然也产生赞美“抄近道、走小路”的媒体舆论，比如小米的“饥饿营销”，就一度被放大到小米成功最重要的“营销阴谋”。

只有当我亲眼看到一台小米手机的时候，我才似乎理解了雷军团队的与众不同。

这台手机，设计本身，并无太多可圈可点处，但制造工艺却极为精细，它每一个接缝都严丝合缝，且表面处理技术臻于完美——说实话，一台价格在 1 000～2 000 元区间的国产手机，工艺能严谨至如此境界，其性价比之高，不得不令人钦佩！

相比小米，有一个舆论造势更擅长的品牌，售价 4 000～5 000 元区间，但工艺粗糙到“惨不忍睹”。

小米手机的一位不愿透露姓名的设计人员，向我详细解释了小米公司如何花极大代价引进生产线的过程，同时，公司强调以全球最先进的理念进行质量控制。这位设计师有一句话，令我感喟不已——“中国人再出色的设计，最后，总是被自己人粗糙的工艺给打败的！埋怨设计，有用吗？”

（三）

无论怎样强调设计理念如何“超前”，毋庸讳言，落后的工艺水平，一直是制约中国设计发展的瓶颈。

工欲善其事，必先利其器。器不利，事亦不成。

譬如：中国的机床工具总产值，一直居于世界领先地位，但整个行业属于典型的“大而不强”——由于制造技术、工艺水平都跟不上，生产出来的大多数产品，其精密度远远落后于发达国家。机床工具，乃是制造工具的工具，也是一切产品精确值的起源，而如果起点就跑偏了，后面就都“差之毫厘，谬以千里”。机床工具不佳，必然导致生产的产品不佳，而反过来，这些产品所构成的生产系统，又导致其生产出来的机床工具更糟糕……这种恶性循环的最终结果，就是目前中国机床工具最核心的部件，几乎要全部依赖进口——这已成为整个产业的硬伤！

如何提高工艺水平？这涉及具体的管理学和控制论，并不在本文讨论的范畴，但我们必须了解：人类的工业和技术体系，就是通过“标准化”走向“精细化”，再走向“模块化”—“自动化”—“数字化”—“智能化”的。

问题是，当我们强调“标准化”和“精细化”的时候，很可能忽略了“设计、创意”在其中的能动作用，分工被放大了，整合被削弱了，从一个极端走向另一个极端。

这恰恰是“工业 4.0 时代”所要着重解决的矛盾。

传统的产业进程，无疑是要细化分工的，可是众所周知：分工会产生界面（壁垒），而界面越多，其衔接成本越高，所以，并不是分工越细越好；而现在流行的“互联网+”思维，一个核心要点，就在于如何利用信息共享和管理的扁平化，一方面促进分工，另一方面又使整合或合作变得更容易。

我们就拿“材料应用”为例——这是一个非常典型的需要“跨界合作”的领域。但中国的许多企业，尤其是设计师，对于新材料的认识和应用理念，与当今世界水平相比，还存在较大差距。

我们对于新材料运用的主要特点是：集中于外观设计，但与产品功能的联系较弱，也就是说，我们的设计师，仅仅把新材料理解为“新装饰”而非新功能。

从现有的国内专利申报来看，90%以上是“外观设计”和“实用新型”，“发明创造”所占比例甚微。

而新材料应用，本是近20年来世界后工业化和信息化最重要的领域，但因为中国人似乎特别喜欢把研究重点放在“加工”工艺上，而在“开发”方面明显乏善可陈，于是，中国凡涉及新材料的利用，外资公司明显占据主导地位。

国内研发新材料，仅在一些国内特有的原生材料上有一些优势，比如喜欢拿竹子做文章——这方面，台湾设计大师韩德昌等人堪称翘楚。

正是由于一方面我们的设计师在材料问题上视野狭窄，使新材料的美学表现力差，另一方面，新材料在工业设计中受限于成本、供应链、技术等因素，能够最终在生产过程中运用全新的材料的机会并不多。

按理说，新材料在医疗设备、交通运输领域，本来应该得到大范围的推广，因为医疗设备必须紧跟当今医学科技和材料科学，而交通运输则更需要新材料来提升性能和减少污染。但实际情况却是：医疗设备和交通运输由于研发时限、生产线过长，以及更换生产线的成本太高……所以，新材料在这两个领域里，反倒遇到了阻力，相应地，在消费电子领域，由于更新换代的速度快，淘汰率高，新材料反而得到广泛的应用。

我认为，限制中国设计智慧发挥的，不排除“述而不作，信而好古”的文化伦理和“集权化、科层式”的权力体制这双重障碍。

客观地讲，这也是旧工业时代的“遗风”。

宝钢集团首席科学家郭朝晖先生认为：传统的工业化时代，设计优先，也就是因为设计，才决定了所选的材料和方法。它符合三个特征：一、决策通常是一个按部就班、讲顺序的过程；二、分工之后，各方都较少交互和沟通；三、因为条件约束，设计的选项一般来说都是被提前限定好的。

而随着互联网的改变，既往的“优先项”变得模糊不清了，甚至是制造方法和材料才决定了设计。它与前面正好相反：一、决策的非顺序（非线性）过程；二、不仅是组织、企业，甚至全社会都鼓励并创造交互的过程；三、不做预先的限定，给予所有人以全新思考的自由度。

所以，创新的第一要义，就是要有“颠覆性技术”。那些之前“听妈妈话”的乖孩子，未来一定被“野蛮生长”的淘气鬼所打败。

而中国的设计，明显是“太乖了”，乖得已经没有了“探索未知的好奇心”，没了“自我否定的勇气”。而这两条，恰是一切“创新”的动力和保证。若无创新，剩下的也只有“抄袭”了。

我近期看到一个由 designaffairs 设计的可折叠音箱，就是一个好例子：它不但超薄，竟然还可折叠，这些都要归功于一种特殊的薄膜材料，它使得扬声器在各种情况下都能够发出悦耳的音乐。

所以，设计和材料科学，以往在各自领域的闭门尝试，目前，已演变为一种互相启发和督促的过程：设计师根据使用需求会对材料有一个期盼，材料学家根据这种启发，研究新材料或者新工艺，而这些又会继续打开设计师想象的空间。

再举一个十分有趣的例子：法国的 La Paillasse 实验室，试验出的细菌墨水，能够让细菌通过繁殖不断地生成新的墨水，达到不断书写的目的。

这一创想，来自这个实验室创始人一个关于环保的创意：既然目前的工艺，无法保证圆珠笔或者钢笔完全环保，那么，是否可以从墨水上做一点突破呢？

这个实验室经过长期的研究，并利用他们在生物技术上的专长，终于找到了一种细菌。这种细菌，由于其独特的生物结构，可以通过人为改造，不断生成可供书写的墨水，只要保证墨囊内留有一些残余墨水，细菌就会通过繁殖，不断地产生墨水，还可以通过进一步改进，让细菌产生不同颜色的墨水……

诺兰的电影《盗梦空间》和《星际穿越》，给中国观众带来震撼的时候，也引起了我们这个社会的广泛思考：为什么中国人就拍不出这样的电影来呢？至少现在，有一个答案是被认可的：我们不仅不敢有“盗梦”的勇气，在制度上，还缺少像“星际”那样广阔发挥个性自由的“空间”。

（四）

对于设计，中国著名的设计师柳冠中先生有一个经典的评价：“设计，是要创造一个合理的生存方式。”

设计，也是人类在生活中，对艺术极致追求“自我”和现代工业产品过分强调“功能”之间的沟通和平衡。既然是追求“中道”，就并非“越多越好”。我们不仅追求“极简”，还要考虑更大程度地减少社会成本付出，成为努力节约资源的“断舍离”生活方式倡导者。

当然，按照马克思主义对资本的分析，“资本”就是一种不受控制的巨大社会权力，其目的，就是通过不断创造“人的欲望”而实现自身的增值。就像我们所用的手机，每一次更新换代，你所淘汰的旧手机，可能只发挥了它原有设计功能的一半、设计使用寿命的不足20%，但潮流和趋势，却催促你不得不将其剩余的价值清零，从而拥有一部“拿得出手”的新手机。

这难道不是一种巨大的浪费吗?

尽管“纳什均衡”理论早就告诉我们：每个人追求利益最大化的过程，对整体而言，得到的往往不是最优点！遗憾的是，在这场全社会“非合作博弈”的过程中，每个人依然要拼命为自己争，也没有理由和动机改变现状，因为谁不这么做谁就吃亏……在这场全民参与的消费狂潮中，每个人都陷入了“囚徒困境”。

中国虽然已经是世界第二大经济体，但必须认识到，人均国内生产总值依然很低，而作为一个拥有近十四亿人口的大国，由于资源禀赋的限制，我们目前这种追求极端消费的生活方式，以及粗放型的经济增长方式，都是难以为继的——以2013年的数据为例，中国的万元GDP的能耗是日本的8倍、是欧盟的4～5倍、美国的2～3倍。

所以，柳冠中先生才会痛心疾首地认为：我们今天的环保意识，或许只是对人类“不可逆”的生态破坏的一种形式上的哀悼，因为，无论你的城市绿化搞得再怎么出色，你也不可能再繁殖出朱鹮、金丝猴和华南虎了……

尽管我认为，中国所谓的“内需不足”其实是个伪命题——并不是“内需不足”，而是市场化程度不高所造成的“有效供给不足”，但这并不意味着我主张“无限放大人的欲望”。节制，是一种美德！

有时候，我们是应该扪心自问：

我们真需要住那种打扫起来就要花一整天的偌大的住宅，驾驶排气量足以上战场的汽车，和使用只占闲置时长不足10%的家庭影院和衣物烘干机吗？……

前几年，有一份调查报告对欧洲的几家大型汽车制造集团造成极大的震动——某家权威数据公司，在对欧洲年轻人未来的消费方式的调查中，发现未来十年内，“有意愿拥有一辆属于自己的私家汽车”的年轻人，竟只占到被调查总人数的不足10%。究其原因，无非是能源价格上涨、欧洲各大城市普遍的交通拥堵、老城区停车不便以及顾忌到全球气候变暖而导致的公众环保理念加强……

但这个信息，对以汽车销售为生的各大汽车公司来说，无疑预示着一场“灭顶之灾”。所以，他们必须想办法应对。

于是，一场针对未来汽车如何设计才能吸引年轻人的研究也悄然展开。有意思的是，这项研究的结果，不再是产品本身的改造，而是涉及运输制度的改进。换句话说，汽车厂商向更核心的问题迈进：人类为什么需要汽车？是为了解决高效、舒适、安全的位移问题。如果从核心问题——增强移动的便捷性上入手，也许，汽车公司就不再需要针对车辆本身下设计功夫，而是怎样才能让大家的思维定式，从如何“拥有汽车”向怎样“使用汽车”转变。

其实，最好的解决方案，就是改变传统的消费理念，遵循一个新原则：但求使用，不求拥有！

于是，奥迪和宝马都先后推出了自己的“奥迪卡”和“宝马i-3”计划，也就是类似于“自行车租赁”的模式，只需在“需要使用”汽车的时候，到指定场所取车并开走，无需开回原始出发地，会有专门机构帮助你将汽车停到最方便的P+R枢纽（日后还可进一步为汽车自动归位），这样既方便了乘客，也减少了车辆的总保有量，不啻是对城市交通的一种极大改善！

这样的，目前也已经在中国展开——今年3月份，戴姆勒-奔驰公司已在重庆市区投放了600辆SMART微型轿车，旨在倡导“低碳出行”，鼓励市民不买车而临时租车或拼车出行。

互联网的发展，对社会起到的一个重要作用，就是通过对信息的共享，减少信息不对称，从而进一步减少交易成本。

通过这个例子，人们不妨反观一下，前不久，全国许多城市的行政当局对诸如“滴滴”“快的”和UBER等打车软件系统的围追堵截，也许初衷确实像是他们所说的想

“维护市场秩序、保护群众利益”，但却背离了“互联网+”时代所创生出来的“共享经济”（Sharing Economy）的精神，这种逆潮流而动的僵化行政思维，最后，也一定被历史所淘汰。

从这个角度上，人们也许会理解，本文一开始我曾提出的问题——为什么欧美国家大学的“设计专业”，并不像中国那样，被简单地归入“艺术类”考试范畴，非要考查学生绘画美术的功力……设计，不能被狭隘地理解为是对“物”的美观考虑，而是包含着人类对“制度”的改造力和对未来的想象力。

或许，这正是“设计”的根本价值所在！

说人话

二十多年前，我在中央电视台做《正大综艺》导演时，经常被人问："你认识赵忠祥吗？"我说"认识"，人家马上兴奋地紧攥住我的手，仿佛赵忠祥的手此刻就长在我的身上。接下来的问题是："他是你们台长吧？"我回答："不是，他就是个主持人。"而这时我得到的反馈，一般都是抻长的一声："啊？……"我猜这极尽夸张的感叹背后，一定包藏着对"干部体制"的愤怒——赵忠祥竟然不是中央电视台的台长？岂有此理！天理难容！

从历史所承袭下来的"官本位"思维，早把我们培养成了天然的权力膜拜者，似乎一个人只要有了学术或技能上的某种成就，就必须给予他（她）一官半职，否则，学术或技能的价值就无法得以体现。久而久之，这种利益导向很容易瓦解了学术或技能的独立性及其尊严。

那时候，中央电视台只有两个频道。

在一个媒体渠道尚属稀缺的时代，凡能够占据媒体顶端的电视主持人，大多都会有些令人望而生畏的感觉，就像是大领导坐在主席台上，冲着台下黑压压的一片"训话"，高屋建瓴，高台教化，语态中或多或少都会带着些

“官气”。

遵循官方语言的旨趣，一度是人们对广播电视主持人的评判标准。按照坊间舆论嘲讽的说法，那时候的主持人，是怎么“不说人话”就怎么来。

“不说人话”有两种体现：第一种，是追求“掉书袋”的效果而刻意佶屈聱牙，让人听着一脑门子糨糊；第二种，则是追求政治正确而极尽情绪渲染之能事。

第一种——我自己就曾给杨澜写过极为拗口的稿子，譬如：“各位亲爱的观众朋友们，今天的《正大综艺》节目将为您介绍被全世界的顶尖旅游杂志共同誉为‘在浩瀚的太平洋上所镶嵌的一颗璀璨的珍珠’的美丽的夏威夷群岛……”杨澜看后大嚷：“你这是要一口气憋死我啊！”

第二种——某主持人曾在打谷场上采访一位农民大爷：“大爷，听说今年您的收成不错啊！”大爷说：“对着咧。”主持人接着问：“您觉得，今年收成不错的原因是什么啊？”一听这个提问，估计领导要听“歌功颂德”的动机很强烈……偏巧打谷场上，脱粒机的噪音大，大爷耳朵又有点背：“你说啥？”主持人把问题又重复了一遍，大爷说：“对着咧！”主持人有点懵，但还是再把问题重复了一遍，面对摄像机，农民大爷此刻已紧张得说不出话来。主持人一看苗头不对，马上接下去说：“您是不是应该感谢党的惠农政策好？您看，省种子公司给咱们提供了最好的种子，县农技站又派了这么多技术人员下乡，教授广大农民如何科学种粮，一号文件又督促各级政府敞口收粮，稳定了收购价格，这一切不都是为了让农民兄弟们放心种粮嘛！所以，粮食产量自然就上去了，大爷，您说是不是啊？”大爷瞪着主持人半晌，咽了口唾沫，说：“对着咧。”

采访完成！

我每次看这段录像，都忍不住要大笑，但是笑完了，又真想哭。

从“说官话”到“说人话”，需要一个漫长的进化的过程。

这个语态改变的过程，实际上是从邓小平视察南方讲话，中国全面重启市场经济而开始的。

20 世纪 90 年代，全国几乎所有的男播音员、主持人，都有一个共同的嗜好，就是模仿赵忠祥在《动物世界》里的解说风格——“每到春天，在肯尼亚广袤的马赛马拉草原，几万头角马开始了它们漫长的迁徙之旅……”

从解说《动物世界》开始，赵忠祥一改他三十多年的新闻播报风格，语调开始变得柔软、低沉，断句也显得很奇怪，就像“在阿拉斯加”这五个字，他似乎会有意将“在”这个字拖一个长音，然后才接上“阿拉斯加”，瞬间让你魂游于靠近北极圈的冰冷空气中。

我记得，我曾给某企业拍了个宣传片，找李咏配音。当时，李咏并不像后来那么出名，但他的声音条件非常好。进了配音间，他问我："要什么风格的？"我连想都没想，就回答他说："全台都说你模仿赵老师最像，那就赵忠祥呗！"

现在回想起这事儿来，我肠子都悔绿了——早知如此，还不如直接就找赵忠祥配音呢！

1996年，我做《半边天》节目导演时，邀请当时还在北京财会学校当语文教师的张越做主持人，因为她曾是电视剧《我爱我家》的编剧之一，能用"普通人都能讲的话"不装蒜地传递道理。可这个选择，一度也受到电视台内外各方面的压力。领导问我们："她的形象……像主持人吗？"我的制片人当时就反问了一句：您说主持人应该像谁呢？领导愣了一下，没说话，过了半晌又幽幽地吐出几个字："那就……试试看吧。"

中央电视台启用了张越当主持人大半年之后，崔永元也出现在了《实话实说》……再往后，沈冰、阿丘、毕福剑、撒贝宁、何炅、谢娜、周立波这些人，成群结队，但也顺理成章地进入公众视野。

随着媒体渠道的多元化和网络社会的扁平化，人们已将媒体视为"公共域"而并非仅是行政力量的传声筒，二三十年前，那种自上而下的"纵向语态"，自然要转变成"横向语态"——就像你找身边朋友聊个天，总不能成天把"我爸是李刚"挂在嘴边、吓唬人家吧？

记得"神舟十号"航天发射，中央电视台第一次用张泉灵和欧阳夏丹两位女主持人做直播，有人哂笑道：“央视难道没有男主持人了？”其实，我认为，这也是央视有意为之的。

从十年前的神五升天，一直到神九、嫦娥、天宫一号等的发射，按照美国学者丹尼尔·戴扬和伊莱休·卡茨的说法，各次电视直播，本身就是媒介事件，但任何事都存在一个边际效应，公众对媒介事件中过度的政治渲染，包括对国家实力的赞美总有一个审美疲劳期，甚至存在某种逆反，而男主持人因为其性别特征，或许会强化观众的这种情绪。最好的办法，就是将直播间的两位主持人全换成女性，这样“神十直播”就具有了柔和的、感性的成分，甚至可以谈到女宇航员王亚平“大姨妈”来了怎么办，而这样的话题，你很难想象，如果是一位男主持人坐在那儿，他该如何参与……

2011年，我和孟非获得《综艺》“年度主持人”称号时，著名播音员虹云为我们颁奖，她问了我们一个问题：“你们说，二十年前电视主持人和今天的主持人有什么区别？”

孟非回答：“我认为，现在的主持更口语化了吧。”

我说：“以前打官腔，现在说人话。”

孟非悄悄捅了我一下，我想，我大概又说错什么话了吧。

我如何看待“最美新娘”事件

媒体总是习惯于审视别人，其实，同时自身也在被别人所审视。

地震报道中的“最美新娘”，就是这种“被审视”的产物。

雅安电视台的一位女主持人，因为地震当天（2013年4月20日）穿着婚纱报道震情并采访路人，于是，便被迅速地卷入一场网络讨论——她，究竟是不是在作秀？

实际上，“秀”（show）这个词本身，并无褒贬之意，不过是做给人们看，每一个传播行为，也都是“秀”的过程，而且必须强调，“秀”是要具有新闻专业主义精神的，既要符合新闻事实，又要追求传播效果，传播如果无效，就近乎无聊了——因为它没有遵循“时新性、重要性、接近性、冲突性”等原则，来唤起公众对某事物的重视，无法满足人们对于了解信息、并采取相应行动的渴求。

所以，“记者在场”的电视报道，就显得尤其可贵，它会令这样的新闻更有真实的触碰感，而“真实性”无疑又是新闻报道的第一诉求。

从这个角度上讲，女主持人的报道，之所以会“一石激起千层浪”，正是基于人们对其真实性的怀疑。

要澄清这个问题，我想，我们大概还是要从三个方面来进行思考——

第一，这段报道是否属于对地震“第一时间”的反应？

无论网络上的质疑多么汹涌澎湃，至少有一点是不容置疑的——女主持人确实是在雅安，并且是在地震发生不久后所做出的“叙述”，也许，她的现场采访，并未给我们带来太多的资讯（实际上，当时所有人都得不到任何完整的资讯），但是她努力地做了，仅凭这一条，她就已经算完成了传媒从业者应尽的责任，她无疑是称职的。

第二，这样的出镜报道，是否必须由这位女主持人去完成？雅安电视台是否只有一位出镜的记者或主持人？

问题在这里，开始变得复杂起来。据说，该主持人并非是一名新闻主持人，她的主业是在台里主持娱乐节目。实际上，为了保证灾难性新闻报道的严肃性，电视台完全可以找到一位更合适的人物进行出镜报道，但我们无法排除另一个可能性，那就是：其他的记者和主持人在事发时，并没有准备好，而恰恰因为女主持人选择当日结婚，她很早便开始化妆打扮，所以，更适合马上被领导调遣做这个报道，尽管这样做，在常态下显得领导有些“不近人情”，但是在重大灾害突然袭来的特殊情况下，这样的选择，有时确属迫不得已，人们也可以理解。

第三，作为灾难的现场报道者，作为“新娘”的女主持人，是否必须穿婚纱报道？她换下婚纱、换上一件更适合其工作性质的服装，真有那么难吗？当然，由于我并不在现场，也从来没有资格成为一名带妆欲嫁的“新娘”，对此无法做出准确判断，但依照传播学的理论来看，“婚纱装”的她，在报道中的凸显性，会使他人对新闻的准确理解形成干扰，甚至，成为喧宾夺主的“噪音”，从新闻专业主义精神的角度上判断，这无疑是一种“不专业”的体现。

这才是所谓“最美新娘”问题的“命门”。

至于这位女主持人有无主观上“作秀”的嫌疑，由于评价标准实在太模糊，我想，每个人都没有权利对此妄加揣测和推断，因为凡质疑他人在作秀的人，本身也可以被他人怀疑是在“以质疑的方式作秀”，这就陷入到了一个逻辑上无法自洽的怪圈，除了互相攻讦之外，谁也无法真正搞清楚所谓的“真相”。

我一向反对媒体舆论简单地使用价值判断，滥用“最”字——这样的描述本身，难免落入缺乏理性、刻意煽情的窠臼。人们往往一方面反感传统的媒体“造神方式”，另一方面又希望通过自己的片面化理解，再塑造出一个让别人崇敬的“神”，但谁又能说，现在严厉抨击“最美新娘”的人，当初不会正是众多的传播者中“之一”呢？

“捧杀”和“棒杀”无非是一张纸的两面。这个世界依然需要“新娘”，但对类似于“最美新娘”这样的感动，我想，还是保持一点警惕才好！

（本文写于2013年4月22日）

说一口地道的上海话

说实话，每天都要在电视上“发言”，我是有些“提心吊胆”的。因为有一本名叫《咬文嚼字》的刊物，正在花大力气“捉拿”电视上那些不规范的汉语使用情况，除了字幕，大概也包括发音。今年春节，一个历史上专业承办“春节联欢晚会”的电视台就被它给“咬”上了：据说四小时节目，字幕平均每十分钟就出现一个差错，这还不包括“的地得”不分、“你和您”混用，吓得人家都不敢再重播了。

《咬文嚼字》如此狠“咬”，弄得一些电视人牙根也怪痒的，恨不得也咬这本刊物几口，因为按照他们的规定，播出时出一个错别字罚款一百，照这样罚下去，半个月工资都得给扣光了。

有人说，《咬文嚼字》“咬”得也太过分了吧？谁说话没点儿口音、口误呢？是，但是按照这本刊物主编的说法：作为大众传播的广播电视，有责任为规范使用汉语做出表率。借用一句流行的短信：“长得难看不是您的错，可出来吓人就不对了。”况且，他们所“捉拿归案”的差错不单是字和音的问题，甚至属于常识性笑话，比如，有人竟然问“您家父的身体如何”，对方更勇于回答“我的令尊大人还很健康”。

已经不止一个人发出警告：中国人的“母语能力”正在下降。人们对英语的重视远远超过了对中国语言文字教育的关注。我在上海，采访过一位全国著名的语文教师于漪老师，谈起这话题，她甚至有些悲愤。她说：“语文教学，长期被看成是简单的一门课。实际上它是一种民族历史和文化精神的传承。不过分地说，尊重母语就是爱国。”其实，至于“汉人说不好汉语”的问题，我觉得也不能一味地责怪英语至上与网络渗透，您看看我们身边的语言环境无不充斥着官话、空话、大话和假话！作为表达真情实意的语言，被异化到这地步，语言能力不下降才怪呢！

大概是因为东方卫视也覆盖了北美和澳大利亚，我今天还收到了一封来自澳大利亚的观众邮件，据他说：在网上看到上海要限制使用上海话的范围，他为自己是上海人感到悲哀！

他至今还保存着DVD《孽债》，会经常拿出来给孩子看，教他们说上海话，希望孩子们记住自己的父辈是上海人，希望他们会说上海话，去上海可以和人交流。他说：社会应该多元化，言语本身就有很多口音，在这里，印度人的口音最重，可他们一样在电话公司上班，没有什么歧视和限制的政策。但现在让这位朋友失落的是，以后当

“乡音未改鬓毛衰”时，“可能别人会把我们的乡音理解为外国话了”。

如果真严格执行这份“推广普通话”的规定，今后，在很多场合下，上海人都不能说上海话了。

那么，这究竟是好事还是坏事呢？

从“好”的地方讲——因为全国都在推广普通话，我们不能想象，一个强调交流的国际化都市，没有基础的语言，怎样作为沟通的保证？

其实，上海话本身也是19世纪五六十年代太平天国运动、1911年辛亥革命之后“上海特别市”的建立和1937年抗战爆发后三次大规模移民涌入、五方杂处、吴越音调杂糅的产物，和这种语言相伴生的建筑形式，就是“石库门”和“新式里弄”。

语言所具有的“工具性”，我们可以将其理解为：它是一种人际交流所必需的基础“交易货币”，这就像今天，全世界都愿意使用美元或者欧元，来作为国际结算货币。英语之所以如此流行，也并非因为英语天然就比拉丁语系的意大利语和法语好听、好学，而是源于十六世纪，英国战胜西班牙成为“海上霸主”之后，逐渐向海外大力扩张的结果；加上二战之后，美国全面崛起、成为“世界警察”，最终导致英语广泛流行。如果某些人非要使用货币A，另一些人又死活要坚持货币B，没有妥协、折中的精神，不能寻找到一种双方都能接受的货币、不能采取双方都听得懂的语言，别说造出一座巴别塔了，就连一般的商品交易都很难完成。

1997 年，我去香港采访“回归日”，我就发现自己讲普通话，几乎寸步难行，因为许多居民都听不懂；而 2007 年，我采访《香港十年十人》时，发现大多数香港人哪怕讲普通话讲得再吃力，也愿意跟你交流了，“内地客人多，不学普通话不行，毕竟生意最重要嘛！”——一位香港酒店的老板对我这样说。

更有人会说：当年秦始皇统一六国，车同轨、书同文、声同音，我们不都认为，那就是一种促进国家统一、社会发展的标志吗？

不过，话说至此，我就难免心生忧虑了——上海话如果就这样“被同化”没了，它的“坏”更是显而易见的。

我们常说“非物质文化遗产保护”，实际上，我们每个人的身上，就天然地拥有一种非物质文化遗产——那就是我们的“方言”。

方言，担负着历史文化的传承。它不但影响着人们的性格，也造就着独特的艺术形态。当每天，世界上都有一种语言消失的时候，中国好在还有许多民族和地区，保留着自己的语言特征，这也是各种文化活力的源泉。很难想象，如果全国都说上海话，相声还有存在的必要么？同样，全国都说普通话，那沪剧还有谁听得懂？语言是一个地方的文化胎记。如果我们非要通过强硬的行政手段，清洗掉这份宝贵的胎记，或许有一天，父母会不认识我们，我们也认不出先辈的面貌。

至少，我们并没看到，有任何保护上海方言的举措。担心是不可避免的，随着限制区域的不断增多，我们的孩子，是不是不会说上海话了？

文化的保护，绝不应形成实用主义的路径依赖，更不能服膺于“少数服从多数”的原则。你不能说，今天的上海，外来移民已经近乎半数，就可以任意贬低、甚至歧视本地方言，哪怕还有一个人在讲上海话，他（她）也理应得到社会的尊重，并拥有其选择并使用这种语言的权利。

尊重文化的差异性和多元化，同样是国际化都市的标志！

我至今还不会说上海话，但我依然要郑重提醒城市决策者们一句：我们当然需要会说一口标准的普通话，但我们也需要会说一口地道的上海话。

（本文写于 2007 年）

世博会与城市公民精神

世博会来了。

对于这个已持续了159年的“国际巨展”的降临，国内许多媒体，或出于意识形态的考量，或出于发自肺腑的兴奋，总喜欢用连篇累牍的报道，同义反复着两个论调：一个是“平台说”——借世博平台、展现中华国力；另一个则是“契机说”——趁办博契机，提速上海乃至长三角城市的建设……

中国人为了能“圆梦”，得意一下，当然不可谓之错——但是，就算是饱含真理的语言，您也无须坚持“年年说、月月说、日日说、时时说”，否则，难免会有狭隘的嫌疑——前者之“平台说”，透露出了太多的自大；后者之“契机说”，则是充满着功利色彩。这两种论调，显然都是“以我为主”——这也必然会导致国民不肯放下架子，无法以学生的心态，虚心求教于人。

《论语》第一章，开宗明义便是三句话：“学而时习之，不亦说乎？有朋自远方来，不亦乐乎？人不知而不愠，不亦君子乎？”

毕竟，任何人终其一生，都很难将游历的脚步，遍及前来参会的世界上190多个国家和地区，更何况，本届世博会诸多“企业馆”和“最佳城市实践区”，还领衔着旨在描述人类未来城市生活的创意秀，此乃历届世博会所不具备的“亮点”。若我们只顾着享受“万方来贺”的欢欣，沉醉于“乘世博东风，创造GDP之政绩”，而疏于阅读这场送上门来的“教科书”，那才是最令人遗憾的“买椟还珠”之举。

在“善于学习、善于消化、善于创新”这一点上，我们真该好好向日本人学习。

自从1964年，举办了东京奥运会之后，日本人开始摆脱了心理上“战败国”的阴影。1970年，在中国人忙着搞“文化大革命”、试图“解放全人类”的时候，日本人又在关西的大阪，举办了一届“激发国民创造力”的世界博览会。

据记载，彼时共有6 400多万人次参观了大阪世博会，其中，除了200多万人次的外籍游客，其余的参观者，全都是日本人——这个数字，几乎占了当时日本人口的半数。为了让北至北海道、南至九州的农民和渔民，也能亲眼看到世界工业化的成果，并不算富裕的日本政府，不惜代价，以免费交通或补贴的方式，邀请这些最普通的，甚至最缺少文化的国民，前来大阪参观。所以，我们能见到许多头戴斗笠、颈扎毛巾，甚至赤着脚在世博园区行走的人，出现在当时的影像资料中……

中国人总喜欢将上海世博会定义为“历史上第一次在发展中国家举办的世博会”，但上海市社会科学院的王泠一博士却认为：站在中国人的立场上，这么讲，或许会赢得些许自豪感，但它不符合历史真实——1970 年日本的国民生产总值（GNP）、国内生产总值（GDP），还略低于当时的中国，日本就属于那一时期世界上的“发展中国家”。

而“眼界决定境界”，也正是从那届大阪世博会之后，日本国民对科技创新的热忱被迅速地激发出来，15 年后——1985 年，日本终于迈进世界上“发达国家”的行列。

其实，当人们用“一切始于世博会”这样的话，来赞美近 160 年的世博会的无量功德时，您也必须明白，发轫于工业化浪潮的这种展览方式，在今天的信息时代，已算不上“先进”了——拜互联网之所赐，当今人类的交流、沟通方式，早已呈现出多元化、轻量化和便捷化。

托马斯·弗里德曼——这位《纽约时报》的专栏作家，他把人类进入 21 世纪后、受 IT 技术深刻影响的全球化阶段，描述为“世界是平的”。他认为，推动全球化的主要力量，已经从 1800 年之前的“国家和政权”、1800—2000 年两百多年间的“跨国公司和资本”，演变成了今天的“互联网和个人”。

互联网传播最大的特征，就是它的即时（快速）、海量、开放和互动。人类在前进过程中，若没有参照物可资观察借鉴，而只顾着一味高歌猛进，很可能变成“瞎折腾”；唯有借助信息与交通的发达，人们才能不断地延展身体和思想可触达的范畴，从越来越多的参照物中，找到历史经验和未来发展的方向。

推动城市的人性化、制度化发展，也是人类为了更好地降低沟通和交易成本，而做出的不二选择。

应该说，人类社会迈向“现代化”，可以被分为四个阶段——

第一是“工业化”。肇始于1851年的世博会，正是工业文明的产物。

第二则是“城市化”。工业化的集约性、流动性、持续性和降低交易成本等特征，推动了全球近代百年来大规模的城市化改造，仅中国，目前已有50%的人口进入城市生活，而且，这个速度还在以每年1 500万农业人口的“进城”来递增。

由城市化而导入的第三个阶段，则是“人的社会化”。一方面，由于传统“集权式、科层式”体制的瓦解，越来越多的人，拥有了自主选择的权利；另一方面，社会也由“统治”走向“治理”，而治理的主体，不仅是公权力（政府）一家，它还包括了个人、企业和各种非政府组织，市民们也更希望通过这些商业勾连和自组织形式，来获得社会认同感，从而能共同参与到公共事务的决策中。

既然有了“人的社会化”，当然，“社会建设”就成了公民社会的一种必须强化的内容，这就必须“尊重人的自由选择权利”。中共十七大提出：实现社会民主的前提，就是要保障人民享有“知情权、参与权、表达权和监督权”。唯如此，才能促使人类社会迈入现代化的第四个阶段——“政治的民主化”。

从某种角度上讲，从1851年的伦敦世博会开始，许多国家之所以争相举办“世博会”，不仅是为了扬国威、开眼界，其实，也有促进社会制度建设之内在诉求！

同济大学的王晓渔副教授，在其所写的《“西洋景”和“中国梦”——中国的世博会情结》一文中，就揭示了清代末年，朝野上下热衷于争取筹办世博会（当时也称为“万国博览会”或“炫奇会”、“赛珍会”）的初衷。朝廷大员的梦想与知识分子的理想之间，还是有巨大区别的，王公贵戚的设想是“争面子”，希冀这种筹办本身，能够给日渐衰败的帝国注射一剂强心针，令我大清能够再次“睥睨世界、傲立群雄”。而以梁启超、陆世谔等人为首的士人阶层，则期盼世博会的到来，能力推中国的社会政治改革——建立工业化文明最重要的基础：契约精神，维权意识。

譬如，1910年在江宁所举办“南洋劝业会”，大概就是中国最早的大规模博览会，其首倡者虽为两江总督端方，但其具体承办者，却是22个行省的士绅工商阶层，它的目的，就在于“劝工”与“劝商”。盖因传统社会中，人们视职业之地位，排序依次为“士农工商”，农本商末。若工商业的价值，被一直淹没如斯，所谓的“契约精神”，便不足论。故而强调工商，就是强化市场；强化市场，就是强推政治体制改革的重要手段之一。

本次的“南洋劝业会”，按照王晓渔先生的说法，只能算是个“山寨版世博会”，至多有20万到30万人参加，但它对中国未来的影响之大，却不可小觑——鲁迅、茅盾、郑逸梅、叶圣陶等人，皆是通过这次展会，洞悉了世界，震撼了心灵，他们也自然而然地成为了清末民初，“睁开眼睛看世界”一批人当中的翘楚！

本届上海世博会的口号，是“城市，让生活更美好”。无论“低碳生活”还是“宜居城市”，都是为了整个人类的可持续发展，而必然采取的路径选择。“以人为本”乃是其最大的诉求。但是，探讨“以人为本”的前提，是我们首先需要搞清楚，这个“人”究竟是谁？城市，究竟是谁的城市？

毋庸置疑，城市的主人是“市民”。但由于1949年之后，我们奉行严格的户籍管理制度，即便像上海这样一个已有着近2 000万人口的特大城市，姑且不论，纯户籍人口能否切实行使自己的政治权利，至少，还有近500万以上的非城市户籍人口，无法真正参与到公共事务的决策中。他们的选举权被搁置，就业、求学、生活受到方方面面的制约，尽管他们靠自己的奋斗，创造了这座伟大城市的财富和文明，却不能尽情享受它结出的果实。边缘化的生存状态，只能让他们更多地选择短期行为，比如，各种被视作“素质低下”的不文明行为，以及林林总总的违法犯罪，总会更容易被归到他们的头上，“外地人”和“城里人”的概念，泾渭分明……

没有确立起真正的“政治文明”，用道德教化的方式，倡导所谓的“精神文明”，只能是一厢情愿的空谈。

如果您读过托克维尔的著作，就会发现，这位旅美的法国人，在美国建国之前，基于他对美利坚的考察，得出了一个“乡镇自治文明”的结论——他发现，只要有充分的物权保障和自治手段，即使没有政府和法定暴力的维系，人们总会做出最优化的制度安排，约束人类的胡作非为，“不文明”也会渐次演变为“文明”。推导到今天，你如果指责一个人不守规矩，除了依据公序良俗或法律精神对其惩罚之外，我们还要追问一个问题：他（她）的权利和义务对等吗？他能否认同自己就是这片土地，或这座城市的主人？如果没有，那么，加强政治文明的建设，力度要远远大于对公民素质或精神文明的建设——尽管这个理论，听起来有些令人诧异，却是最符合人性的质疑。

遗憾的是，我们太多的城市，受制于政治文明的滞后，最后，沦落为主政者主观意志的试验基地。陈丹青先生曾说：现在，您看到一座城市被大兴土木，改造为不伦不类的境地，其原因，就是这个城市领导人的“心理景观”存在问题，领导人有什么样的心理景观，这个城市，似乎就必须成为谄媚他的范本……下一个领导上任，又是依自身的好恶再次改造一番，于是，城市的传统被践踏，城市的风貌和遗存被毁灭殆尽（详见陈丹青《退步集》）。不尊重市民在千百年来积累下来的经验，我们的城市改造和经营，就愈发显得短视，错舛百出，关键这种错舛是“不可逆”的！

好在当今的执政者，在这方面，已经有了更为清醒的认识，这个国家正在一点点地去除“视权力为真理”的弊端，只是这个改善的速度，还有些跟不上现实的需要。

若要改革，必须首先坚持开放，这种开放，不仅是对外，亦需对内——也就是，要允许市民对城市的硬件和软件的规划建设，有充分的辩论和表达意见的权利。只有知情，才能参与，只有参与，才能互动；只有互动，才能达成共识。

所以，只要有坚持开放的心胸，纵然是改革过程中出了问题，尚不至于伤筋动骨；最可怕的是，是用“稳定压倒一切”的方式将“开放”摒弃，在“封闭”的条件下，一味强力改革，恐怕，这样的改革也称不上什么真正的改革，不过是利益集团瓜分权力的一种托辞而已，它除了制造出诸如“政府暴力强拆、市民以命相搏”这样的悲剧之外，对社会、对政治均毫无益处可言！

既然本届世博会的主题是“城市”，那么，当我们用科技的视角来详细打量各国城市在“物化层面”的改造之同时，须臾不可忘记——我们还须从人的“精神层面”和“制度层面”来思考：谁是一个城市真正的主人？究竟是什么原因，在决定一座城市的风貌？人群聚居的城市，该有什么样的制度安排，才更能符合以人为本？……唯有如此“以城为鉴，消除成见”，本届世博会，才能真正令中国人获益。

2008 年当我们在北京举办奥运会的时候，曾有不少人希冀，它能改变中国人的价值观，哪怕只是在促进全民体育的精神培育上能产生一些质的飞跃，但遗憾的是，人们对于沉醉在获取各类锦标和金牌的兴趣，要远远大于对制定规范和制度的兴趣。要知道：再多的金牌，也抵不上中国足球的沉沦给我们带来的伤害；刘翔一个人跑得再快，全国人民都跑得很慢的国家，注定就不会是一个体育大国！社会基础的普遍健康，远远比少数项目的优异重要得多！

比起 2008 年的北京奥运会，2010 年上海世博会所受到的舆论质疑，仿佛更多了。有不少人认为：盛会当前，还发出如此“不和谐”的声音，真乃“刁民作怪、不可教也”，但是，我却坚持认为，针对如此重大的一项决策，人们的议论乃至质疑，恰恰代表着公民意识的觉醒，代表着纳税人权利的行使。没有人再愿意稀里糊涂地“被做主”，任何人都有权对于世博会的预算和开支、展期的安排、各项管理的具体细节，乃至参观者的行为举止做出求证和批评！不管当局或“主流人群”习惯不习惯，这必须成为一种未来社会治理的常态。

比如：对于即将来上海参观世博会的“7 000万人次”的统计，是否合理？世博道路交通的“不限行”，是否“不现实”？安保工作是否过于杯弓蛇影、草木皆兵？包括媒体对世博会期间上海人该穿不穿睡衣上街的问题所进行的探讨，是否属于矫枉过正？是否有既浪费公共资源，又侵犯私人权利之嫌呢？……

我们大可不必杞人忧天——诸多质疑，并不能消减世博会带给人们的快乐，相反，正是因为有这些质疑的存在，才使得人们的快乐“质量”更高——它不是没来由的民族主义情绪膨胀，也不是纯粹的消费主义的流行，而是人们在经过理性的分析之后，更能辩证地看待世博会的得与失，从而更好地找到自身行为与国家利益之间的有效平衡……

其实，上海世博会最大的展馆，并不在园区，而是整个上海这座城市，它最吸引人的展品是“人”，是居住在这座城市，乃至这个国家的所有公民的状态。上海是中国城市化率最高的地区，市民化程度较高。在许多上海之外的人眼里，上海似乎总被形容为“精明而不聪明”，姑且不论，这种戴着有色眼镜看人的方式，在经历了改革开放三十年之后，是不是已有些不合时宜，更重要的是：精明，并不是一种错误，它与我们传统理解上的“政治聪明”也不是相悖的关系——这恰恰说明，上海人的权利意识、维权意识在逐渐增强，靠着各种空洞的政治口号来“忽悠”人们无条件服从的时代，一去不复返了！

上海人的理性，正是构建公民精神的基础。一方面，它表现在“己所不欲，勿施于人”，另一方面，则表达为对人的价值的尊重——自己是否被他人所需要！

中国近些年来所举办各种重大展会和活动，为数众多的志愿者，构建出一道城市公民精神的风景线。在向众多的志愿者们表达由衷敬意的同时，我们也必须看到，与北京奥运会时期相比，人们对志愿者一味赞美不同，上海世博会的志愿者，自遴选阶段开始，就存在一些议论。第一，如何防止主办方将志愿者们视为廉价劳动力的倾向出现；第二，如何避免简单地依靠行政手段，对志愿者进行性别、年龄和职业方面歧视性的选拔……

因为“志愿者”最大的特征，就是其“自愿性”——他们为我们呈现了现代“云计算”技术中所包含的一种“云服务”，体现了“集中社会闲散力量办大事”的社会建设意图。

善良须发自内心，而不是倚仗利益交换；服务他人不分老幼，而重在不同个体之间的能力互补与信心支撑。如果还是按照计划经济体制的思维，动辄搞“人海战术”，高度依赖权力的集成来审核志愿者，并搞“统一化”和“一刀切”，必然会令志愿者原本应有的属性，发生不该有的嬗变——会变得更加功利化，也更加被动，甚至是“被迫”，而最糟糕的后果，就是阻遏了更多有积极性、有能力的市民，广泛地参与到社会活动当中。

其实，“公民精神”与“志愿者精神”正是一脉相承的。人们对志愿者问题的关注，反过来，也更能促进公民精神的培育与发展，他们绝不是对现有治理秩序的否定，而恰恰是一种更为人性化的完善。主动服务他人的意愿，能够得到无障碍的实现，才是真正快乐的，唯有如此，才能让人们活得更有尊严！

我很喜欢世博会历史上的那句口号：“一切始于世博会”，它意味着，我们可以从这个声势浩大的“展览秀”中找到激发创意的灵感；但创意的喷涌，则必须源自思想的自由和言论的空间。“一切始于世博会”，它是一种起点，而强调“一切为了世博会”，它则变成了一个终点。

对于上海世博会而言，我们要把它当成一个奋斗的终点，还是起点呢？答案自在人心！

（按：此文作于世博会开幕之前，乃应《中国企业家》杂志特刊《典藏世博》约稿而草就。彼时我正忙于各种采访和直播，身心俱疲，文思枯竭。蒙执行主编杨晓春兄不弃，截稿时间一拖再拖，终于成稿。亦感谢王晓渔、朱大可、王泠一、马春雷诸兄，他们与我交谈中慷慨赐予其思想精髓，令我受益颇丰。今乃2010年5月31日，上海世博会开幕“满月”，《中国企业家·典藏世博》一书于沪上首发，该文忝列其中。恭祝书成之际，亦列文于博客，以飨诸友。）

2014年元旦答《新京报》问

1. 2013年，你认为个人最值得记录的事情是什么，为什么？

无所记录，唯有沉默。因为……总有一个声音在暗示我——“沉默最安全”。

2. 2013年，哪个公共事件让你难以忘怀，为什么？

青岛黄岛中石油管道爆炸事件。

2013年，从黑龙江林甸中储粮直属库大火，到吉林德惠宝源丰禽业公司大火，在接二连三的特大事故灾害发生之后，人们除了痛骂几句，注意力很快地就被新的舆论事件给吸引走了，而所谓“问责”，也总是在拖延了许久之后，才羞答答地来，又静悄悄地走，任何巨大的生命和财产损失，仿佛都可以在文牍主义的训诫中“挥一挥衣袖，不带走一片云彩”……在遍地渎职面前，国人对生命的无视，也上升到一个全新的境界。

同样，黄岛爆炸事件，62人死亡，136人受伤，直接经济损失7.5亿元人民币……如此惨烈的后果，最终，除了15名直接责任人被说移送司法之外，中石油和青岛市的相关领导，也仅仅以“行政处分、行政警告处分”，被轻飘飘地放过了，官照做，钱照拿。

最让人匪夷所思的是，地方人大，本来是对地方行政主管进行问责的主要力量，但全国各地无论发生任何事故，人大，却惊人地一直保持沉默！

制度性的沉默才是最可怕的。我们对行政权力的约束，距离《宪法》的要求还相去甚远！由于特殊的国情原因，导致下面只愿意向上面负责，而基层民众则逐渐失去了追责地方政府的能力。

人大之失职，源于失能。

2013年年底，湖南衡阳出现贿选省人大代表的丑闻——五百多名市人大代表，没有收那几十位“省人大代表”贿选钱的人仅有九人！这令人如何理解“人民代表大会是最高权力机构”这个定义呢？

所以，所谓的“政治体制改革”，必须从排除一切权力意志（包括金钱）的干扰，从真正地公平、公正、公开选举人大代表开始。

3. 2014年，你个人有什么设想？

我的好友罗振宇的《罗辑思维》，给了我很大的震动，也很想尾随其后，望其项背！特别是在移动互联时代，传统的权力构架和信息传播方式都将被颠覆，权力，再也不能依靠制造神秘来维系，必须在公开透明中重新获得信任，并被赋予。每一位个人，也都将成为公民记者，类似发现“上海法官嫖娼”的眼睛，无处不在，所有的屏蔽，都无法阻挡这个社会哪怕是最底层的人群所发出的呐喊和呢喃。

4. 2014年，你对公共生活有哪些期待？

当然，中国人往往是“口号大于行动”，而且随便一聊，就容易扯到国计民生、国家命运、国际局势等这类“大问题”。可我觉得，要想公共生活发生改变，须先从身边的公共空间做起——你参加过小区业主大会吗？您竞选过业主委员会的成员吗？你一边说着希望别人尊重你，但你在公共场合抽一根烟时，考虑过不吸烟人的感受吗？你批判社会上出现“血荒”是因冷漠而造成，但你本人参加过哪怕一次义务献血吗？成天抱怨路上交通环境差、大城市堵车，可你知道，道路通行效率降低乃是因太多“违章”而造成的吗？——而你本人开车、骑车、走路，就没破坏过规矩吗？同样，当你发现了邻居家窗户里蹿出的火苗，你能因为还没有烧到自己家，就假装什么都没发生一样，翻个身子，沉沉睡去吗？……

好了，我这个解释，算是彻底推翻了我第一个回答——沉默，不可能是安全的！“宁鸣而死，不默而生。”

（2014年1月17日）

强化舆论监督　打造诚实高效政府　建设公民社会

——2010年在十一届上海市政协三次会议上的大会发言

一座城市的舆论环境究竟如何？我想，检验的标准，应该是城市对所处时代的“思想贡献”，而不是接二连三的“丑闻贡献”。因为，思想的活跃性，与舆论的开放度，一定是紧密相联的；而各种腐败与丑闻最害怕的阳光和消毒剂，恰恰又是公开透明的舆论监督环境。在上海，我们经常能听到这样的评价，这里的法治环境，相对是最好的，绝大多数干部，也都是守法奉公、勤政廉洁的，应该说：这些都是事实！否则，一个政府公信力差、交易成本过大的城市，无论如何，也形不成“建设经济、金融、航运、贸易中心”的基地。但这些评价，完全不足以让上海人就此可以高枕无忧——从震惊全国的陈良宇案，到最近的普陀区原区长蔡志强案，特别是今年，从“倒楼事件”到“钓鱼执法”，人们也注意到：上海的权力体系还存在着巨大的漏洞，不然的话，怎么会滋生出如此众多的蛀虫和问题呢？

新闻自由，是一项来源于《宪法》规定的言论、出版自由的基本权利。我们必须承认：由于中国至今尚无一部

《新闻法》，在许多方面，都给了权力者过度干预新闻报道的机会，“舆论监督”总被演变为“监督舆论”。特别是，在突发事件，或者对城市有着较负面影响的事件发生之后，媒体总会因所谓的“擅自违规发布”和“虚假报道”而遭受严厉的惩罚。

我承认，新闻的“真实性”永远是第一位的，任何虚假报道，都应该被事后问责，但这并不能成为“为了防止虚假新闻的出现，就可以事先预设门槛、拒绝新闻媒体介入事件报道”的理由，特别是“擅自”二字，更是带有强烈的行政管制色彩，它的潜台词，就是“你不听我的话”，或者“你不理解领导意图”，这是典型的“权力即真理”的伪道德判断，它很容易让政府独家掌控事件的发布权，但谁又能保证，某些政府部门自身不掩盖事实，不制造虚假消息呢？任何被垄断的传播，以及主张一元化声音的论调，对全社会在突发事件上的预警能力，特别是对公众的知情权，无疑是巨大的戕害，从“文革”到“非典”，历史上的各种教训，已经反复地提醒我们：只有允许多元信息的存在，才能达到博弈中的制衡、差异中的趋同，从而降低决策失误。这样的舆论环境，也许看起来，并不那么整齐划一、赏心悦目，但却是使人们基本权利不受侵害的一种最有效的保障。

在20世纪90年代初，上海广播电视领域曾尝试过“一市两台、同城竞争”的格局，那曾是上海舆论最具活力的时代，不但诞生了大量异彩纷呈的内容样式，丰富了市民生活，更促进了上海行政的透明度和效率的提升，“拼抢新闻”，不仅使得各类重大事件的信息传播速度明显加快了，更使得市民拥有对公共事务发表意见的广阔平台。但令人遗憾的是，这样的局面很快就结束了，上海媒体，在产业整合的旗帜指引下，重新回到了大而全的状态，虽强调了错位，却弱化了竞争，尤其是被行政至上的管理方式，搞得媒体完全像个机关，层层审批、关关设卡，宁可不出彩，也要不出错，这种保守与僵化，极大地降低了媒体本身应有的创造力。以前，不少记者一遇到问题新闻，总是两眼放光，一个箭步冲出去先采访了再说，但现在，我却经常听到记者抱怨：反正这样的新闻，就算采到了，领导估计也不同意发，那就干脆——连去都别去了。这种心态的逐渐蔓延，严重削减了媒体发现真问题、真解决问题的动力，使得上海媒体，在许多本地的重大事件发生后，总是集体失语，一方面，当然是出于权力管制的压力，但另一方面，也是自身敏锐力下降所致。

去年年底，美国总统奥巴马来华访问时，在我们这个曾签署了《中美联合公报》的城市，与数百位上海的大学生，进行了面对面交流。可是，令许多人感到遗憾的是：绝大多数的学生提问，都显得十分婉约，全然没有当年北京学生针对布什和克林顿所提出的问题那样富有挑战性。你可以讲：这体现了上海人的礼貌与风度，但这其中，未免不包含了上海青年人在思想上的沉闷与拘谨。所以，整场对话下来，我们只记住了那个，据说是花了几十万炒作出来的“奥巴马女孩”，而没有留下多少令人记忆深刻的提问。要知道，提问的水平，也代表着人们对未知世界了解并掌握的热忱和努力程度。

据说，有人现在对我们关于“钓鱼执法”的讨论，也很不高兴了，勒令大家闭嘴。本来嘛，好好的一场公共事件的话题的辩论，也开展不下去了，政治诉求似乎永远大于社会诉求，而且，是压倒性的。如果一个民族，在对公共事件的表达权上都处处受到制约，甚至打击，我不知道，这样的民族还有创造性可言吗？

必须指出，上海新闻界的沉闷、舆论环境的压抑、知识界的谨慎，是不是可以通过这次上海大学生的集体沉闷，让我们得到点反思。作为一个国际大都市的上海，是不是可以在它的创新精神和思想敏锐度上，有所呈现？

一个具有现代性的社会，其主要特征之一，就是全社会不断以多层次、全方位的理性对话，来谋求共识。换句话说，公民必须有权利对公共事务发表意见，而不是闭口不言。

文明：就是把一场他乡认作故乡的过程

我小时候，大人们见面寒暄，一般都问："吃了吗？"问多了，便暴露了各家口粮窘迫的老底。吃，或者没吃，都不是重点，有没有可吃的，恐怕才是关键。

后来，我参加工作了。那时的问候语，基本已演变成了"你忙吗？"或"忙什么？"这充分说明了"发展才是硬道理"。中国人开始忙着与世界各种接轨——忙或者不忙，实质上是对劳动力作为一般商品的暗自询价。

到了今天，人口大规模流动了，人群中最常见的搭讪式问话，就是："你是哪里人？"

这一问听着容易，回答起来还真有些犯难。

尽管我在"魔都"已经打拼了十几年，但无论如何也不敢自称是"上海人"——一张嘴，我那蹩脚的沪语，便容易遭人耻笑；于是，我只好一本正经地说我是"北京人"；若是按祖籍地算，我还可以说自己是"浙江人"，但尴尬的是，我毕竟离开北京久矣，甚至连浙江的亲戚，也早就认定我应该是上海人了……

只有把询问的地点，选择在上海之外、甚至国外，我才会毫不犹豫地答道："我是上海人。"而我冷静作答的表面之下，其内心之忐忑，又有谁知呢？

我到底是哪里人呢？

怀念故乡，大约是人类一种永恒的病。

“身份认同感”总是令人一生纠结。王鼎钧先生说：“所有的故乡，都是由异乡演变而来的，故乡，就是祖先流浪的最后一站。”人们安顿身心的目的，实际上，都是为了下一次出发，去探求这个世界崭新的边界——而这种与安顿的背离，却总让人对故乡负有一种歉疚。

问题是，在“停留”和“出走”之间，人类最终会选择“出走”。于是，我们每个人都成了“异乡人”。

“乡愁”这个词，揭示了一个真理：人在故乡，或许会比人在他乡有更强烈的“失根”之感——市场经济令一切事物都具备了高速流动的特征。流水不腐，户枢不蠹；逝者如斯夫，不舍昼夜。

农业时代“重土怀乡”的思维，很难适用于工业化和后工业时代，尽管加缪在《局外人》中，用默尔索一直喃喃自语的“妈妈”的方式，来隐喻哲学意义上的“人的不断被边缘化”和对童年记忆的依恋，但事实上，“投身异乡”，往往是生命又一次被激励并绽放的过程：你不必再斤斤计较于传统的血缘、等级和各种环境局限所带来的束缚和桎梏，自古以来的上海，不正是被习惯称作“冒险家的乐园”吗？

人类的城市化进程，就是无数的“异乡人”涌入一座老城市，并通过自己的奋斗和努力、逐渐再造一个新城市的过程。只是这种从“异乡”到“同城”的经历，一点也不轻松！

生活的适应、文化的融合、机会的争取和公共制度建设的参与，都需要每个人和整个社会付出巨大的努力，而这种追求公众意志“最大公约数”的努力，应该是一种投资，而不是成本的概念，其目的，是为了社会总体福祉的增长而不是减损。

如果把这种“最大公约数”视为思想意识上的“统一”，那么就必须承认，统一的基础是同意（意念相同），同意的手段是沟通，沟通的前提是开放。

所以，将人们交往的渠道公共化、常态化、持续化，正是一个社会能否具备活力的先决条件。

在当代文明的语境下，“错把他乡认故乡”不能再是一种“为赋新词强说愁”的感伤，而应该成为人类追求公平、公正、公开的制度性目标。

我们需要尽最大努力保护一切城市的优秀的历史传统印记，因为，那是对所有人祖先的尊敬，让城市具备情感、而不仅仅拥有财富，也令我们清醒地知道自己“从哪里来，到哪里去”，不要为了追求成功而不择手段，忘记了为什么而出发。

我们更需要拿出最大条件创造一切有利于公众集体参与的空间、渠道和方式，唯如此，这个城市才能是所有人共享，而不仅仅是一小部分人用以炫耀的归宿之地，否则，割裂的文化和彼此仇视的人群，会令城市无法保有长期的稳定和繁荣。

从这个意义上，对坚持了20年的嘉定江桥“异乡人风采”，以及这项活动对加强地区公众文化交融所起到的贡献，给予多高的评价，都不为过。

（2015年9月26日）

敦化門

听

新：重新认识
骆 新

应该办一场“地下世博会”

前半个月，南中国连续不断的降雨，让广州等一些城市变成了泽国。

现在，水是消退了，但严重的内涝，让城市付出惨痛的代价，据说，光是广州市损失就高达一百多个亿。广东省委书记汪洋说：政府对不起百姓，要道歉。尽管天灾没法预料，被人称作不可抗力，但是灾难过后，能在自身的管理上找出毛病，总比把问题一股脑地推给老天爷强！

其实，这次广东下大雨，广州水漫金山，深圳则平安无事，这不是说深圳幸运，20世纪八九十年代，深圳也曾经被淹得不可开交，连到访的外国元首，都让人用小船把自己从大酒店救援出去。俗话说：吃一堑，长一智，深圳从此就开始研究怎么样解决内涝。一是疏浚地下排水系统，二是增加泵站，努力地把水往自然河道排。这些工作，平时很难在表面上被人看见，但关键时刻，就起了大作用。

相比之下，我们的许多大城市，全把文章做在地面之上了——高楼大厦建了不少，因为这能体现城市的景观，突出领导的政绩，但地下呢？反正你也看不见，何必再多花冤枉钱？结果就造成地上是新社会，地下旧社会，赶上雨雪台风一来，那些看不见的东西，就开始给你添堵了。

其实，造成城市内涝的原因有很多，比如这些年来，许多城市全是钢筋水泥的丛林，地表硬化得越来越严重，水落到地上渗不下去，就成了径流，完全依赖管网排水。您可能看过雨果的小说《悲惨世界》，主人公冉阿让是怎么把那位年轻的革命者救出巴黎的？人家是从下水道走出去的。要知道，一百多年前，巴黎的下水道，管径就已经达到3米了，我们不能不佩服当年法国人对公共设施建设的远见卓识。而我们的地下排水设施呢？很久以来，给我留下的印象，就是一个工人费劲巴拉地挤进去抢修，如果连人也进不去，就干脆拿钢筋捅，您说，这样的管道，能应付突如其来的大规模降雨吗？

可话又说回来，如果您为了防止下暴雨，就无限度加大管网的口径，用超量的投资，来应付一个小概率事件，又显得不经济，那怎么做才好呢？

2010年上海世博会上，荷兰鹿特丹案例就给我们提供了一个很好的借鉴——荷兰整个国家都处于海平面以下，发生内涝的机率很高，于是，人家在造城的时候，就提前预留了很多低洼的地方，比如修了许多下沉式广场，不下雨的时候，可以当城市的公共活动空间，下了雨就临时扮演一下蓄水池，把水先往这些地方引，然后再集中抽排，或者是等待水自然干涸，这可谓一箭双雕。花钱不多，但效果不错，体现了城市规划的超前思维。

当然，荷兰的未雨绸缪，是基于它独特的地理位置，我们的很多城市，要想防患于未然，恐怕还是要把精力，花在您平时看不见的地下管网建设上。管网的作用不仅是排水，您看现在很多城市，电线杆子和密布天空的蜘蛛网般的电线，都逐渐看不见了，它们都跑哪去了呢？都“入地”了——为了安全、集约和效率，现代城市的水、电、通讯、煤气等管网，都会被集合起来，放入一条地下管网的公共走廊，它被我们叫作“共同沟”。

我记得几年前去欧洲的时候，就参观到一条竟然可以并排走两辆卡车的“共同沟”，更准确地说，这样的沟，其实是一条隧道，在里面安上照明，并每隔一段距离预留出入口，这样，检修人员不用挖开路面，就可以随时装配管线和检修。

城市地下的这个庞大系统，维系着整座城市的命脉。一个外表上再漂亮、繁华的现代化城市，如果地下系统的技术陈旧、规划不合理，那么，就像一个内脏器官有病的人一样，称不上真正的健康。而且这种病，是一种慢性病，积累得久了，一旦发作起来，就会让人苦不堪言。

目前，中国大多数城市在地下系统的规划方面，所面临最大问题，是某些政绩观和功利优先的问题。城市的规划和工程中，非专业化的思维，一旦占据主导地位，就会使得技术细节被忽略，为了抢工期、省资金，这些不容易引人瞩目的地方，就最容易被率先牺牲掉。拿上海地铁的一号线和二号线举例，一号线是由德国设计师设计建造的，二号线则由国内工程师设计的，尽管大面上都差不多，但投入运营之后，二号线的问题就出来了：比如，地铁口防止雨水倒灌的台阶，当初被省略了，结果一下雨，地铁就很容易被雨水倒灌。

当然，人们见得更多的，则是一条马路修好了，就不断地被挖来挖去，甚至老百姓讲笑话："中国的城市，真该给马路安一条拉链，什么时候想装电缆、埋管道、修煤气，只要把路面的拉链一拉就行了。"但无论大伙怎么讽刺，这个问题似乎总是解决不了，这其中除了规划缺乏先见之明外，也跟我们城市工程档案管理的粗放有关，像上海、北京这样的城市，地下所埋的管线，甚至还有清朝末年、民国初年的，但图纸就是找不着了，那只有瞎挖了。而权力部门之间各自为政，过度维护自身利益而罔顾大局，更是城市治理中最头疼的问题。每个部门都要争独立的工程预算，比方说，自来水公司的人，硬是不愿意煤气公司或者电力公司搭便车，结果大家都彼此不通气，一个钻头打下去，要不就是把自来水管给打爆了，要不就把电缆挖断了……

这次上海世博园，除了地面建筑的丰富多彩之外，其实还有一个最大的亮点，只是无法展示出来，那就是在地下埋着长达几公里的共同沟，而且世博园的工程指挥者也摒弃了以往的“谁家孩子谁家抱”的方式，要求所有地下管线图纸，无论水、电、煤，全部进行数据化处理规整，以便任何一个部门的调用、察看。它也给未来的城市建设，树立了一个好榜样。但非常遗憾的是，当所有世博园的照片展示在人们眼前的时候，我竟然发现，其中没有任何一张是关于“共同沟”的。

我想，预埋一条统筹兼顾的共同沟并不难，难在我们为了公共利益，消除由复杂利益链条所构成的、危害制度建设的地下网。贪图小利的人，永远不算大账；贪慕虚荣的人，永远不会理解什么是实在与共荣。

（上海师范大学研究生王祎，以及我的同事孙劼对本文亦有贡献。本文写于2010年上海世博会期间）

又见黄西

几天前，我把美籍华裔脱口秀演员——黄西请到上海来，参加我主持的《东方直播室》。美国人把黄西的这类个人笑话表演也称为“单口相声”（a one-person comic talk show; a cross talk）。黄西在“大卫·赖特曼秀”以及全美记者大会上表演相声、调侃副总统拜登的那几段视频，在互联网上已经被点击了数千万次。

私下里，这位生化博士并不像他在舞台上那样能言善辩，甚至，仍保留着大多数理工类学生的“拙感”。但就是这位英文名叫 Joe Wong 的家伙，竟然凭着自己的兴趣，从 2002 年到小剧场（美国人称之为“相声俱乐部”）给人家免费说相声，冰天雪地中，需要自己跑到大街上拉观众进场，靠着自己 8 年多的坚持，现在，已成了全美家喻户晓的明星。

我问黄西：“你就不怕家里人说你不务正业吗？”

黄西回答：“我觉得，一个人能不能坚持做一件事，直至成功，兴趣非常重要。关键是，我在东北吉林的父亲，对我的这份职业选择，没有持任何异议，他甚至告诉我：孩子，如果混不下去就回家来，咱爷俩一起种田也成啊。”

黄西对我讲述的他在美国的这十几年生活中，有两件事情我印象很深。

第一件事，就是如何说好英文。当年在中科院就读时，为了考托福和GRE，黄西曾经买了本《牛津英汉词典》，前后逐词翻阅了八遍，死记硬背了一年多，据说，经过专业的测试，结果是，他的准确复述率可以达到80%。但到了美国，他竟然发现，自己什么也听不懂，纯粹学成了“哑巴英语”。而大多数中国留学生，都不太愿意跟美国人交流，导致英语口语的交际能力极差。黄西则脸皮厚，找机会就去跟美国人说话，他说：所谓的“丢人”，其实都是你自己臆测的——就像老外到中国来，跟你说中文，说得再不好，谁又会嘲笑老外呢？……黄西第一次到“相声俱乐部”讲相声，结尾时，有人上台热情地握着他的手，说：“你讲的很多东西一定很有趣，但不瞒你说……我大部分没怎么听懂。”黄西也很会自嘲：“那你下次再来，我把那部分再解释给你听。”

第二件事，就是他要靠说“单口相声”给自己谋生计，不断地要给俱乐部老板打电话联系演出机会。一次他打电话，人家脾气不好，没等他说完就嚷嚷道：“我正忙，你过一个小时再打过来！”然后就把电话撂了。一个小时之后，黄西再打过去，那位老板勃然大怒：“你究竟是个什么东西？难道你是块手表吗？”不过，黄西仍旧保持着一份良好心态，他对我说："我当时想得很清楚，我又不是跟他谈恋爱，干嘛要介意他的态度呢？我是找工作，谦卑是必需的，我只能用我的工作证明我自己，而不是脾气。"

我很喜欢黄西的这种所谓的"木讷"——拙感。我想，我们的教育如果说存在着问题，那最显著的毛病，无非是对精巧的强化，掩盖了对拙笨的坚持。实际上，这种拙感最大的好处，是对自我的简单而又清晰的认知——你内心深处想要什么？你的努力能不能达到？你愿意不愿意坚持下去？面对无数次失败，你是享受它，还是抱怨它？

"所谓的成功，就是从一个失败，走向另一个失败。"黄西对我说。

这是真正的拙笨者吗？

（这篇随笔写于2014年）

袁厉害的悲剧

2013年1月4日，因为家中失火，导致被收养的孩子七死一伤，河南兰考的“爱心妈妈”袁厉害，将接受什么样的法律惩罚？现在成了很多人最关心的问题。

我认为，此案未来的走向有三种可能：一、认定袁厉害触犯《刑法》中的“过失致人死亡罪”，遭受最高刑期七年的刑事处罚；二、判刑，但缓期执行；三、认定袁厉害有罪，但作为公诉方的检察院免予起诉。而当前的民间意见，大多更倾向于最后一种处理方式。

早在一年多之前（2012年），我就曾将袁厉害邀请到我所主持的《东方直播室》现场，接受过众人的质疑，对于她收养弃婴的“善举”，大家还是基本认可的，但这种事实上的“收养”是否合法？袁厉害有没有利用收养来的弃婴而牟利？究竟是河南当地政府不作为，还是袁厉害坚持抚养，令政府无法接手这些孩子进入福利院？……这些追问和讨论，依然使得场上的气氛充满了火药味。

当时，在狼烟四起的讨论现场，我突然心生某种悲哀——有文化的人，往往显得很理性，总能找出各种理由来质疑一个人的行善背后的动机；但恰恰是“文盲”袁厉害，“毫无理智”地捡养弃婴，甚至把全家都气晕了，她什么也不考虑，就是反复念叨：“那好歹也是个小生命啊，我咋能看着他死哩？”

那一天，所谓理性的善良，全都败给了所谓本能的善良。情、理、法，情赢了。

没想到，一年多之后，袁厉害竟会如此惨痛地变成了全国名人。情、理、法，这回却成了“法不容情”。

而在我写下这篇文章的2014年1月10日，上海市宝山区一座拆迁工地，又出现了两具被丢弃的婴儿尸体，这突然使我意识到，我们对袁厉害事件“认定责任”的思考，不应该仅仅停留在政府部门和像袁厉害这样的所谓“非法行善者”身上，要知道——袁厉害27年来收养了超过100名的弃婴啊！而那些弃婴的亲生父母，似乎从未被法律真正地追责过！

没错，“遗弃罪”确实是《刑法》中的一个罪名，它原则上是公诉案件，但警察如果发现弃婴，必须要先立案调查，待找到足够证据以证明是某嫌疑人遗弃的，才能移交检察机关、提起公诉；但事实上，连媒体报道中“多年来，当地警察捡到弃婴，都愿意送到袁厉害家”的陈述来看，目前，我国的警力完全不足以招架每年庞大的弃婴数量，调查取证难，自然也就令“公诉”成了摆设。

如果检察院没提起公诉，被害人若有证据证明遭人遗弃时，法院还可以将此作为“自诉案件”受理。不过令人尴尬的是：提起自诉的原告方，必须是被害人或其法定代理人、近亲属以及他们的诉讼代理人，在法定的起诉时效期限内，一般用书面的形式向法院呈递刑事自诉状，若自诉人书写确有困难，可由法院工作人员作出告诉笔录，自诉人确认方才有效。——但是，弃婴若是“诉主”，他（她）有这个能力吗？

在阻止遗弃婴儿这个问题上，现存的法律和制度竟会如此无力，实在令人黯然神伤！

中国人总愿意说上苍有“好生之德”，而实际上，我们是否对生命都有一种本能的尊重，谁也不敢确认。在一个充满着斗争哲学的世界里浸淫久了，对生命总是轻视的，最多不过是称量胜败的砝码而已。如果他（她）牵绊了成功的步伐，如果他（她）不够健康，如果他（她）不顺遂你的意志，如果他（她）可能会给你带来任何麻烦……将他（她）弃之如敝屣，是最佳的选择！而这种随意性，甚至也可以上溯到性爱、怀孕时期。

有人说，教育最大的失败，就是表现在其国民缺乏对生命最起码的敬畏！

很不幸，袁厉害事件让我看到了这种失败的根源。

（本文写于2014年1月10日）

权力者如何在舆论场中找准定位

——2009 年在十一届上海市政协常委会上的发言

美国人托马斯·弗里德曼在《世界是平的》一书中曾指出：进入 21 世纪以来，全球化的主要推动力，源自“互联网和个人”。截至今年 6 月份，中国互联网信息中心（CNNIC）公布的数据显示：中国网民数量已升至 3.38 亿人。

互联网的发展，消弭了人们获取信息的“空间隔阂”和“时间藩篱”，促成了“档案社会”的形成，也使人群能够轻易地突破媒体管控，查寻真相，表达诉求。同时，网络上每个人既是信息的消费者，又是信息的发布者，这种传播的日益“碎片化”，也造成舆论天生就拥有对“权威、主流意识”解构和批判的本能。这便导致传统的“封闭、单向”的科层式管理手段，在扁平化、交互式的网络传播面前频繁“失灵”。2009 年“伊朗总统大选”风波，即缘于 Facebook 和 Twitter 等社交网和微博客的影响，令占伊朗网民 50%的 35 岁以下年轻人，迅速聚合为一种政治力量，并撼动了长期“政教合一”的国家秩序。

伴随着社会结构的多元化，大批中产阶层日渐摆脱了“体制内”的权力约束，更多地从“体制外”获取资源，互联网也帮助他们相互认同、并形成了新的社会关系。从2004年“涉日游行”到2009年的“倒楼事件”，无论是对民族情绪的渲染，还是对问责意识的强化，网络舆论都发挥了传统媒体无法比拟的巨大作用。

尽管在意识形态领域，政府长期习惯了“管制”，但身处一个“资讯像空气一样无处不在”的网络时代，权力部门也逐渐认识到：在真相面前，任何企图限制、封锁、回避、删除的努力，都会被证明是徒劳而愚蠢的；但是，互联网时代的舆论，也确实存在巨大的“非理性”问题，特别是在变动和危机袭来时，各种扭曲、猜忌、愤怒、恐惧都会被网络无限放大，亦对社会的稳定造成冲击。

近来，人们在危机中所呈现出的各种激烈、偏执的表现，不仅是一种“自我防卫心理”的反映，也是对权力长期不信任的表达，它会选择某一个“社会凸点”而集中宣泄。而政府每当面临这种“舆论爆发”，往往担心会影响大局的稳定，在慌乱中要么就以沉默应对，要么就采取更为严厉的舆论管制措施。沉默往往意味着默认，阻止传播往往会激起更大程度的反感和不信任。

其实，“坚持真正的透明和开放”不可怕！一个现代化的政府，必须从“统治思维”走向“治理思维”，亦要从习惯于“强力控制”走向“合作而非对抗”、以对话协商为主的“理性探讨”。正如哈贝马斯所言，“理性讨论”有三个衡量标准：在法律和道德上都能接受，真诚表达行动者的想法，导向社会共同价值。而能够进行“理性讨论”的前提，就是要搭建一个广阔的公共平台！而互联网恰恰在技术上早已完成了这项任务，政府完全可以利用传统媒体和网络，保持与公众的广泛对话和沟通（哪怕有时候，能够“真诚倾听”，也是一种化解危机的手段)。

一切信任基于透明。知情才能参与，参与才能互动，互动才能达成共识。所以，想要维护社会的稳定，首先，就要充分地尊重媒体舆论的权利和自由，而不是先验式地指定一个唯一正确的“答案”，令人们屈从。“真正的新闻客观，永远不是由哪一家媒体的客观造成的，而是由‘开放和透明’，让所有人都可以站在不同角度去关注它，最后所呈现出的结果，才是最接近客观和事实本身的。”

长期以来，行政机构对新闻的“重视”，往往表现在“重宣传”而“轻批评”，“重资讯”而“轻调查”，“重数量”而“轻质量”。特别是近些年，随着上海地方媒体的“集团化”改制之后，管理权相对集中，媒体“行政化”的趋势明显，虽然便于上层管控，但也造成了媒体精神的单调与保守，尤其是面对网络舆论的勃兴，传统媒体本身的议程设置和舆论监督力度都明显不足。即便是由主流媒体所创办的新闻网站，因其沿袭了体制内的用人机制与报道思路，实际的影响力有限得很。

任何媒体对一件事物的判断和解读，都有“客观中立”“肯定颂扬”和“反思批判”三种立场，采用的方式也分“资讯报道”“深度调查”和“评论（言论）”。执政者想有效引导舆论，就绝不能采取“只说好、不说坏”“只报事实、不顾原因”“只讲结果、不讲过程”的办法，正如前不久的“倒楼事件”，技术层面的问题解释清楚了，但人们更关心的是制度层面的问题，如果一味地阻止媒体做深入调查，即便开了若干新闻发布会，都不能平息人们的疑虑。从这个角度上，网络资讯倒是不断地在填补这个空白，不管它的信息来源是真是假，对于“信息饥渴”的公众而言，聊胜于无。这就也使许多“受领导特殊关照”的本地主流媒体，由于经常在重大事件中“集体失语”，更加被网络边缘化，这反倒不利于政府发出自己的声音、树立自身形象。

必须承认，网络众多的“公民记者”在展现其力量强大的同时，亦显露其局限性——由于一无专业素养，二无薪酬激励，三无法律保护，故其传播作用无法持续而有效，所提供的信息也常常停留在表象，不能为人们提供足够的“解释性报道”。所以，传统媒体依然可以发挥其功效，以平衡网络之不足。

从这个意义上讲，媒体对危机所做的“深度调查”，也不能总被认定为“揭黑”，媒体在此的真实作用不是判断对错，调查报道更多是通过某种角度，去还原危机事件衍变的过程，展示其复杂性。它能引领人们站在冲突利益双方的角度去思考问题，而不是简单地感情用事，这对排除谣言、猜测有着积极的作用，所以我认为某些部门一味排斥媒体“调查”，实在是一种很不明智的做法。

目前政府对于“社会危机”，尤其是影响稳定的“群体性事件”，往往习惯于把它纳入单纯的“管理论”范畴，也就是只注重对“事”的处理；但现实上，处置危机最棘手的往往是“如何传播”，即危机中最具破坏力和不确定因素，其实是表达（传播）的困境，是组织与公众、人群与人群之间复杂、紧张的对话过程。归根结底：“传播论”的核心是“人”，它关乎人们对政府的信心。

所以，我建议上海市政府各部门，能够利用“世博会”前后的这一段时间，在全市范围内有计划、有步骤地开展干部如何与媒体沟通，如何与舆论打交道的研究和培训，首先从思想上，改变对“新闻媒体只是宣传工具”的认识，随时与社会各界保持多种方式的对话和沟通，掌握舆情动态，及时设置议题！

另外，在每一场危机袭来的时候，都存在各种力量对社会信任资源的争夺，对于事发地政府而言，这时的“主动出击”就比“被动应对”要好，因为“沉默往往就意味着默认”。而地方媒体对当地所谓的“敏感问题”，越是集体噤声，就越会把“舆论主导权”拱手让给他人，最后无人再信任你了——而所有的品牌也好，口碑也罢，说到底，无非就是一种信任感的建立。

我建议，尽管《新闻法》依然未能出台，但上海在增加地方自身的舆论监督方面，还是可以有所作为的。除了呼吁人大能制定地方性法规，保护舆论的监督权之外，还建议政府系统能以更积极的方式鼓励舆论对其进行监督，这一点，全国已经有许多值得参照的先例。同时，强化政府网站的建设，使其真正具有“发布信息”的功能，而不仅是“只报喜、不报忧”的机关内部“黑板报”！

中国传统的思维模式，长期存在着“非黑即白”“非此即彼”“非有即无”的倾向，使得我们对危机处置的各类预案，大多还停留在观念、政策和原则层面，缺少可以被量化的指标体系。西方媒体最值得我们学习的，是它们总会适时地完成调查，推出“舆情风向标”，比如说“信任度调查”和“支持率调查”，而我们目前的诸如“干部测评、评议”，总是采取半封闭式的，也就是“只对内、不对外”，体制思维与民意存在巨大隔膜，于是，执政者也就少了富有可操作性的“危机级别界定标准”，对于危机处理长期存在“不出大事没人管”或“好了伤疤忘了疼”的现象……

我第三个建议是，上海的行政机构，亟须建立一套可被量化舆论监测系统，并制定真正切实可行的舆论应急方案，而不是动辄“临时抱佛脚”，除了封杀，还是封杀！要知道，你不可能控制所有的媒体，但你必须控制自己的言行——从这个角度上讲，舆论监督，也一定比行政、司法监督的成本低很多，充分发挥舆论监督的作用，无疑是一种促进政府提升效率、杜绝腐败的“最经济方式”！

另外，在许多公共事件中，总包含着矛盾对立的两方——强势的和弱势的，政府与个人、医院与患者、商家与顾客、侵害者与受害者……而处于“集体无意识”状态中的公众，往往会更本能地倾向于弱者，此刻处于强势的一方（比如政府），即便再积极地自我调查、公开真相，也难免被人怀疑是“自家人调查自家人”，很难产生客观公正的效果。所以，在我们必须善用无利益相关的“第三方”，来介入发言和调查，应该承认，在这一点上政府的经验还显得略有不足……

纵观去年的“瓮安事件”到今年的“石首事件”，在各种群体性事件中，网络舆论所起到的巨大作用，《人民日报》6月份曾发表评论指出——

在一个人人都拥有麦克风，每个人都可能成为信息渠道，和意见表达主体的时代，政府部门必须改变管理思路，政府部门和主流新闻媒体仅仅是发布信息还不够，还必须迅速了解和把握网络舆情动态，迅速回应公众疑问，引导舆论走向“理性讨论”；而在突发事件和敏感问题上缺席、失语、妄语，甚至想要遏制网上的“众声喧哗”，则既不能缓和事态、化解矛盾，也不符合十七大提出的保障人民知情权、参与权、表达权、监督权的精神。

质疑，毋庸“道歉”

近十天内，深圳警方一直身陷于公众对“5·26飙车案”巨大的质疑声浪中。为此警方先后三次召开了新闻发布会，出具了他们所掌握的证据链，以证明“肇事司机顶包”的传言失实。现在，网民之间对此事的彼此攻讦已趋于平息，似乎更多人认可了警方的说法。

6月2日，一位女子跑到深圳福田交警大队门前，打出一条红色横幅，为自己曾经对办案警察的质问和怀疑“公开道歉”。尽管不少围观者当场质疑，女子此举实为“自我炒作”，但福田交警大队还是允许这位女子进入办公楼，接受了她的横幅，并表示“感谢社会对交警工作的理解和支持”。

撇开“女子炒作”的嫌疑不讲，仅就“因言词给对方造成伤害而道歉”的行为本身，无疑是值得鼓励的，至少它释放出一种善意，因为这个社会太多的冲突，都基于“偏见”；从另一个角度讲，深圳警方这次不断地向社会出示证据，并允许媒体调阅卷宗，也在很大程度上消除了因信息不对称而造成的公众猜疑，比起以往许多事件中政府部门对媒体傲慢与对抗的态度，甚至不惜对批评者“跨省追捕”，显示出了一种公权力应有的从容！

不过，纵然有汹涌质疑曾令各位大官人不悦，但我依然认为，对政府或公权力的质疑，本身就属于《宪法》界定的公民言论自由范畴，只要它不超越法律的限度，何须道歉呢？

政治就是权力制衡，对于能量巨大的公权力，除了法律监督和行政制衡之外，舆论监督不啻为一种靡费最少、效率最高的制约机制。换言之，你既然为人民服务，人民自然有权随时发表对你服务质量的评价，包括质疑。

当然，人大代表对政府的质询，是一个法治国家程序规定的质疑；而互联网上的质疑，虽然不走什么“法定程序”，在众声喧哗中极易从公共领域滑入私人空间，或许，这会令公职人员困扰不堪，但谁又能“规定”舆论的走向？谁又能否认，恰恰是此起彼伏的“人肉搜索”，循着细节，人们找出了一个又一个“郭美美”、“周久耕”？

无休止的质疑，实际上，就是一种盲人摸象式的问题探索，有时可能“剑走偏锋”，有时可谓“见微知著”，唯有质疑，才能激发人们对社会的深刻反思。

放心吧，质疑不会成为各种谣言的渊薮！事件很重要，证据很暧昧，谣言才可能由此而发端——质疑就是为了消除“暧昧”而存在的；更重要的是，在一个开放的网络世界，质疑本身，也必将面临被质疑，就像海洋具备“自净功能”，无依据的质疑，夸大其词的质疑，和纯属挟私报复的质疑，最终会消散在具有公共价值的大讨论中。就人们对事物的理解和认知而言，舆论和观点之间的相互校正，远比动用行政力量“噤声”或“统一思想”更有作用！

众所周知，互联网的前身是美军在冷战时期建立的“ARPANET”——为了防止指挥中枢遭袭击后，令各作战机构陷于无指令的瘫痪，而专门设计了一个建立在包交换理论基础之上的数据自动备份和分散的系统。所以，互联网的本质，就是“去中心化”。而企图以“中心化”的方式来管制舆论，本身就与网络化、多元化、多样化的社会发展背道而驰。

在社会化新媒体的大环境下，掌握公权力的人，必须认清自身与公众言论之间的关系，并非管控与被管控，而是在博弈中制衡，在差异中趋同，在互动中多赢，在质疑和回应中，达成广泛的社会共识。

所以，质疑毋庸道歉，唯有质疑，才能推动社会政治走向清明。

（本文写于2012年5月）

对“作业施暴”应予反思

我实在不敢相信，小学生竟然会用“自杀”的方式，来逃避作业负担？

这则惨剧，就发生在2011年9月19日上午。因为担心没有完成作业而遭罚站，江西九江市赛阳中心小学的三名10岁左右的小学生，一起跳楼自杀。孩子们在跳楼之前，对行为动机的描述，只有短短的11个字：“跳楼死了，就不用写作业了。”

对于这个极端事件，成年人当然可以认为，这纯属“儿童心理脆弱”，“当今小学生抵抗挫折的能力不强”，甚至从大量的小说、电影中寻求“向死而生”的自杀诱导根源，然后，怀揣着崇高的道德义愤，呼吁广电总局或新闻出版总署像叫停“快女”一样地大规模涤荡“对青少年产生不利影响”的文化作品，但是，对于教育界顽固多年的“作业施暴”行为，我们是否有过深刻的反思呢？

根据媒体报道，三位学生被送往医院急救之后，其中一位学生，曾透露了一个事实：她每天写作业，几乎都要写到晚上12点。对此我深有体会——我女儿自从上初三以来，作息时间大变，每日作业无数，睡觉都要超过子夜，很多次，我甚至看到她趴在桌子上睡着了。每当我叫醒她，逼她上床入睡的时候，女儿总是愤怒而急躁地大叫：“不可能睡啊，作业还没有写完呀！”只是我万万想不到，这种沉重的作业负担，在某些地方，其实从小学就初露端倪了！

“减负”的口号虽然喊了很多年，但收效甚微，一方面是被高考的残酷底线所桎梏，另一方面，委实也是“教师无能”所致。教师自己的教学方法水平低下，无法激励学生们真正领会知识的精髓，唯有靠死记硬背、循环做题来训练之。同时按照心理学的分析，大凡能力不够，又有强烈压力和挫折感的人，会采取施暴的手段来虐待他人，从中寻求平衡和快感。体制弊端所产生的压力，被层层分解，最终竟要由完全没有话语权的学生分担。

我认为，暂时别探究学生的心理如何脆弱，咱们首先要探讨一下教师的心理病态——“家庭作业”之所以成为学生沉重的负担，与教师们之间的互相攀比，是有着密切关系的。数学老师留了四张卷子的作业，语文老师的作业怎么也不肯只留三张，各方力量都希望能最大程度地占据学生的课余时间，以体现自身的重要性，这哪里是作业？分明成了“阶级斗争”的工具。每个教师，都认为自己的要求是合理的，结果，所有要求加在一起，就构成了最大的不合理，学生彻底沦为了作业的奴隶。更何况，许多班主任自身也是重要科目的教师，于是，便丧失了这个位置应为学生利益负责、居间协调的作用，大家“比学赶帮超”地虐待学生，最后，不逼出人命才怪。

如果很多教师依然不认为自己的这种行为“涉嫌施暴”，那么，请注意，九江的这则新闻中还透露了一个重要的信息——学生如果没完成作业，第二天，就要被“当众罚站”。这难道不正是一种施暴思维的沿袭吗？我承认，激励机制本身，一定包括惩罚，但这种惩罚首先是要适度，必须充分尊重学生的人格与尊严。唯有惯用施暴思维的人，才不介意罚站对于学生内心的折磨，更何况“没完成作业”并非源于学生不用力，而全在于“力所不逮”。

长期的施暴，早晚会遭到反抗的！三个学生为了不写作业，连命都不要了，看似逃避，其实也是反抗。去年，我为了拍摄一部教育题材的专题片，曾经在高考之后采访毕业生，发现许多人捱过难关，欢呼雀跃之际，将所有的教材撕碎、甚至付之一炬——他们告诉我：“我恨读书！”

这种恨，一定会对民族的创造力造成毁灭性的打击。教师们，教育界权力在握的人们，你们还不警惕吗？

（本文写于 2011 年）

我们如何误读了孔子？

——传统家庭教育理念的当代解读

一提到孔子和其弟子的关系，我本能地就联想到中学课本里《论语·先进》“子路、曾皙、冉有、公西华侍坐”那一段。孔子询问大家的志向时，曾皙回答最得老师的喜欢——

“莫（暮）春者，春服既成，冠者五六人，童子六七人，浴乎沂，风乎舞雩，咏而归。”

在后人眼里，儒、道、释这三家，儒家算是特别入世的，孔子一辈子都想实现政治理想，改造那个糟糕的社会，甚至不惜颠沛流离、周游六国，搞得自己“累累如丧家之犬”，可为什么《论语》的这段文字中，孔子却摆出如此一副忘尘出世的姿态呢？

我认为，所谓的“出世”和“入世”说，本身就是后人在语言上的自我限定，好像弄得非要“二元对立”不可，这种思维，在现实中根本站不住脚。孔子曾多次表达过“邦有道则知，邦无道则愚”；“邦有道则仕，邦无道则可卷而怀之”；“穷则独善其身，达则兼济天下”。请问，孔子究竟是想干事呢？还是不想干事呢？很明显，这叫作

“审时度势”，凡事不走极端，这也是孔子一直所奉行的“允执厥中”——中庸。

恰恰是因为孔子身体力行地试图改变世界时，依然保留了一种“出离感”，一种只属于他自己的精神追求，并不求“非成功不可”，他的生命才有了丰富性，思想也有了弹性，他绝不会不择手段地把自己弄成什么“成功学”的鼻祖。

我今天要举这个例子，也是想告诉大家，我们平常也把“教育”误解成“二元对立”了——也就是教育者与被教育者的关系，类似于组织中的上下级、家庭里的父子间的关系。错！这首先就是我们对孔子最大的误读！

我们不妨再来看《论语·先进》篇这段文字的开头：

子路、曾皙、冉有、公西华侍坐。子曰：“以吾一日长乎尔，毋吾以也。居则曰：‘不吾知也。’如或知尔，则何以哉？”

孔子张嘴第一句话，就说了：“我比你们年纪是大了一点，可是，你们千万别因为我年纪大，就有顾虑不跟我说了。你们平时不是总在说，没有人懂我呀！好吧，如果现在有人想了解你的抱负，说说看，你打算怎么办？”

根据历史资料考证，孔子讲这番话时，已经 60 岁了，而他这四个弟子中，就数公西华年龄最小，他比孔子小 42 岁，这一年只有 18 岁。子路 51 岁，曾皙 39 岁，冉有

31 岁。

这是何等奇妙的“混班教育”啊！在每个人的认知能力都不尽相同的情况下，孔子该怎么做，才能保持他的师道尊严呢？

《论语·述而》一章中：

子曰：“二三子以我为隐乎？吾无隐乎尔。吾无行而不与二三子者，是丘也。”

肯定有学生问孔子：老师啊，您这样了不起，我们怎么学也学不像，您老人家是不是有什么东西对我们有所隐瞒呢？孔子回答：我真的没有丝毫可以隐瞒的啊，我的一言一行，不都展示在你们面前了吗？那不就是我——孔丘吗？

这个回答，真是妙极了！也让我们看到，什么是最好的教育？根本就不是言，而是行，行胜于言。难怪朱熹后来解释这段话时，特别强调：真正的圣人，必须是以身作则、身体力行的，所有不践行自己理念的所谓“教育者”，都是耍流氓。

其实，美国教育的代表人物杜威，也说过和孔子类似的话：“教育即生活。”杜威对此的解释是，教育指人与人在社会交往过程中彼此的影响，尤其是长者的言行对幼者的示范。

纵观《论语》，你也能看到，孔子绝不把知识或能力神秘化，他特别愿意和弟子们一起探讨、分享，教学相长，“知之为知之，不知为不知”。这对于我们今天这种“知识大爆炸”的时代，这种交互式的教育尤为重要——我们太多的老师和家长，由于知识未能更新换代，自己不懂的东西，肯定远远大于已懂得的东西，但是，就为了摆出一副老师和长者的派头，装门面、打肿脸充胖子，死活不肯承认自己也有不了解的内容，故意出稀奇古怪的难题，就为了刁难学生，或者就抱着死板的教条，必须让学生臣服于自己，这哪里是教育者，这分明就是奴隶主。在这种奴役思维之下，岂能培养出拥有独立人格的人呢？唯有生产听话的奴才而已！

“教育”不仅是一种关照他人，也是一种关照自我的过程——谁也不是生而知之的人，所以，不要总有某种占据知识高地、道德高地的优越感。这就像彼得·德鲁克对“管理学”所做的总结：管理学的本质，就是释放善意和激发潜能。

在座各位都是当家长的人，我们是不是平素总对孩子强调：“你要成为一个对社会有用的人？”这句话，就包含着一种居高临下的姿态，是一种工具理性的思维。就像我们和别人见面，一开始如何寒暄：您在哪儿工作？挣多少钱？工作怎么样？您的未来有什么样的人生规划？下一次跳槽要去哪家公司？生人见面，这样问也就算了，因为你的工作和收入，确实是可以作为瞬间判断你信誉程度的重要标志；但是，熟人之间也总这么问，会让回答这些问题的人压力特别大。

我们是不断地被别人当成“工具”来打量的。很少有人会问你：你最近在想什么？遇到什么不开心的事了吗？你的家庭关系还好吗？孩子怎么样？父母怎么样？你快乐吗？你幸福吗？问这些问题，至少是把你看作“人”而不是“物”。

“隔壁老王家的孩子考上哈佛”，“老张家的孩子去了摩根士丹利”，“谁谁谁出国了”，“你为什么不像别人一样？”……如果总习惯这样的比较，你就忽略了你孩子本身的感受。时间长了，孩子怎么可能有自我存在感？

中国人这种实用主义、功利主义的倾向，也许和我们的政治传统，以及所连带的教育理念是有关系的。我们会经常生活在一种不被人尊重和关爱的绝望中。人们陷入绝望的时候，一般说起来，就有两种思维倾向，一种是呼唤强权和强人，另一个倾向，就是要向宗教皈依。这不仅是中国，这也是人类社会必然存在的状况。

维特根斯坦说，“我们的语言，就是我们认知世界的边界”。汉字非常简约，但这种简约背后，也意味着这种文字最容易产生歧义。现在说“空谈误国，实干兴邦”，这句话似乎是一句“真理”。你一听，激动万分，热血膨胀，于是你找领导说，我想跟您提一个建议、一个意见，目的就是想把我们的事业做好。结果没料到，领导一拍桌子，呵斥你道：“空谈误国，实干兴邦！”你发现了没有？同样一句话，领导有他的理解，你有你的理解，双方甚至相差十万八千里。

《老子》说“恍兮惚兮，其中有物；惚兮恍兮，其中有象”。中国历史的悠久和坎坷，令中国人长期处于一种“高语境”状态中，也最擅长搞模棱两可的表达，我们有很多事情，你听了领导只有大方向，但无小细节的指示，如果你做的效果不错，领导会高兴地对你说，那你是因为正确领会了领导意图，而如果你最后做得不怎么样，领导又会说这是因为你没有正确领会领导的意图……反正，领导永远正确，你却里外不是人。

我上小学的时候，教室里面挂着许多励志横幅，其中有一条横幅就骗了我很久，那是庄子的一句话：“吾生也有涯，而知也无涯，以有涯随无涯。”老师一上来就让我们先念，这句话的意思是“人生是有限的，知识的海洋是无限的，你要靠有限的生命，去追求无限的知识”。等我长大了以后，读《庄子》原文，才发现老师砍掉了两个字。庄子的原话是：“吾生也有涯，而知也无涯。以有涯随无涯，殆已！”原意是，你如果想依靠有限的生命，去了解无限知识的海洋中的所有内容，那你可就真完蛋了。这意思跟我小时候理解的，彻底是相反的。

据说，截至1900年人类所有关于数学的知识被编纂起来，可以装满 1 000 本书，每本书平均 500 页。到 2000 年，美国一位学者做了一个调查，近 100 年所积累起来的数学知识，可以装 100 万本书。请问，知识不断以爆炸的方式进行累积，你“有涯随无涯”，还有可能吗？你如果这样学习，你就真完蛋了，因为你会产生强烈的挫败感。在不断地累积，甚至以细胞分裂的几何级数方式无限增长的知识面前，你太渺小，也太容易绝望了。所以，对知识过分地尊崇，搞知识竞赛、智力竞赛，会演化为巨大的社会问题。

中国人的家庭教育传统，几乎都根植于儒家传统文化的土壤。但事实上，孔夫子的观点，在千百年的传承中，许多就是因其“简约”而被误读了，至少是在理解上有严重偏差。

比如说，孔子讲“孝”。现在全社会大搞家风、家训的传承学习，第一个概念就是“孝顺”。孝，已经被等同于“孝顺”，但您可能真是误读了孔子。严格说起来，“孝顺”这个词是汉代以后才出现的，尤其是董仲舒“罢黜百家，独尊儒术”之后，才被树立起来的概念。而《论语》中根本就没有“孝顺”这个词儿，只有“孝敬”——

子游问孝。子曰：“今之孝者，是谓能养。至于犬马，皆能有养；不敬，何以别乎？”（《论语·为政》）

子游问，什么是孝？孔子说，如果拿“养育”老人作为一个标准，犬马畜生都能去反哺它的长辈。如果你对长辈没有敬意，那你和畜生有什么区别？孔子并没有谈“顺”。

后来，孟懿子也问什么叫孝，孔子说“无违”，我们后人总爱从字面上解读，老说这是叫你“别违背领导的旨意，别违背爸妈的意思”。是这么回事吗？《论语》本身就马上做了解答。孔子有一个弟子叫樊迟，是给他驾车的人，孔子上车后和樊迟聊，说刚才孟懿子问我什么叫孝，我回答“无违”。樊迟问：“您是什么意思啊？”孔子回答：“生，事之以礼；死，葬之以礼，祭之以礼。”

注意，孔子在这里把“孝”强调为是“守礼”，实际上也是“敬”的表现，父母活着，要以礼相待，如果父母长辈去世了，还要葬之以礼、祭之以礼。所以“无违”的本意，是不违背礼的原则，不冒犯，而并非“百依百顺”。

否则，按照“孝”就等于“顺”的思路，难道你爸妈让你杀人放火，你也干？

至于为什么要“孝”？我们今天的父母，很难对孩子解释，似乎天经地义，你就该这么做。实际上，孔子对此是有更深层思考的。

比如，有弟子问孔子什么是鬼神。孔子说：“未能事人，焉能事鬼。”总有人把它解释为：你连人的事情还没搞清楚呢，就先别考虑鬼神的事情了。这就是一句严重的误读！类似于“你连钱还没赚到，还谈什么理想”。

我认为，这句话真正的理解应该是：“如果你连人都没服务好，又凭什么去祭鬼神呢？”否则，你就无法解释孔子为什么会说“敬鬼神，而远之”，这里面，又有一个“敬”字。所以，孔子才会说“祭神如神在”，他没有明说究竟有没有鬼神，但他却主张，如果祭奠鬼神，就当成他们在那里吧。

中国字有一个特征，凡偏旁当中有一个“示”字旁的，基本上，都代表对祖先——那个曾经存在的人的尊重。神、祖、社，你看都有“示”字边。祖，那个“且”就是一个牌位，也是远古生殖崇拜的“男根”。也就是说，我的先人虽然不在了，但是在祭拜他们的时候，就像他们仍在眼前一样。

我觉得，孔子就像是一个伟大的戏剧家，他会给自己设置很多规定情境。你干什么事，就必须认认真真，祭奠，就像亲人还健在一样。为什么这样做？——慎终追远。要知道你是从哪儿来的。我们尊重祖先，是因为我们的生命体不是突然间从石头缝里蹦出来的。我们这些人，从来没有“死”过，因为你祖先的基因，就在你身上传承。一代代的人，经过无数的病痛、灾难、战乱，今天是以你的生命方式呈现出来。你的孩子也是你的基因、文化和人生理想的承载。你的生命如此源远流长，你的思想也必须慎终追远。

我们这些活着的人，其实，都是漫长人类生命延续的幸存者，甚至有人类学家认为，当前地球上一切人的祖先，都源自多少亿年前非洲的一位古人类女性，所以，你能对你的祖先没有一点敬意吗？

正因为人们有这样的丰富感受，所以我们也希望，自己最后留下的，也是对未来富有启迪意义的思想。今天很多人会崇拜权力和金钱，但在世界上，凡是你能记住的人物，传承下来的其实都是他们的思想，而绝非权力和金钱。

对于“孝”的评判标准，孔子说过一句话，“只要让父母担心你有没有得病”（“唯其疾之忧”，语出《论语·为政》）。这是什么意思？父母对你不应该有太多的担心，你具有属于自己的判断力和处理事情能力，哪怕遇到挫折，自己也会克服，父母只担心你生病，因为生病，恰恰是一种纯粹生理上的反应，不是由人的主观意识而决定。这说明你的“独立人格”是完整的，行为也一定符合“仁义礼智信”这些做君子的基本准则。

孔子还说过“父母在不远游”，我们也常常给理解错了，好像人就应该守着父母过一辈子，否则就是不孝顺，其实这句话后面，还有一句“游必有方”。你远游，并不是指游玩，而指游学或者做官做事。这个“方”，也不简单指方位，比如给父母打一个电话说我明天去香港，不是这个意思。你可以“游”，但要有起码的标准和原则，向什么地方游？——“危邦不居，乱邦不入”。孔子没有说父母在，绝对不能让你外出，没有这样意思——否则，他怎么还能带着那么多弟子周游列国呢？

孔子还有一句话，也成为我们“文革”期间批判他的重要靶子，叫“君君、臣臣，父父、子子”，父为子纲、夫为妻纲、君为臣纲，这些“三纲五常”，“五四”以来，一直是被批得狗血淋头。但这些批判，也显示了各个时期的人，为了达成自己的目的，不断地刻意曲解前人理念的狭隘。

最早提出“三纲五常”概念的，实际上也不是孔子，而是西汉的那位大儒董仲舒，他在《春秋繁露》里，发挥了孟子的“父子有亲，君臣有义，夫妇有别，长幼有序，朋友有信”的“五伦”理论，而把“三纲五常”最终给弄成压抑的教条，彻底搞成“尊卑分明、二元对立”的是宋明理学，离孔子说这句话时的语境，至少时间相差已经一千多年了。

“君君、臣臣、父父、子子”，孔子强调的，是社会要有一种内在的和谐秩序。就算是“三纲”，这个“纲”也不应该是控制和服从，而是做个榜样、表率，所以，君王要有当君王的样子，如果你今天为臣子，你就要有为臣之道。如果今天做父亲，要让儿子有尊敬你的理由，你当儿子，就要有对长辈“事之以礼、葬之以礼、祭之以礼”的规范。

话又说回来，“君君、臣臣、父父、子子”这八个字如此使用，说明孔子主张每个人有其“主体性”，应该各安其位，各尽其责，孔子并没有强迫命令你“顺”！

汉武帝时期，为什么重用董仲舒，为什么那么强调“孝顺”？他是希望利用孔子的礼教来帮助树立他的极权统治权威，希望大家都是顺民。有时候我想，中国人也挺可怜的，平素什么话都不说，沉默，动不动就火冒三丈。大家为什么那么暴躁？跟我们2 000多年的专制有关。中国人习惯于在顺民和暴民之间，自由切换，无缝连接。我们缺什么？就缺中间的一块——我们没有公民。长期当顺民的人，内心很压抑，一旦有机会就会去斗别人，害别人，去告密揭发，希望别人过得比我惨。顺民有了更大的权力的时候，马上又成了暴民，没有独立思考。

既然我们谈到“礼”，我就想给孔子“平反”一下——我们许多人认为，孔子的繁文缛节，不符合现代文明社会的平等理念，所以，孔子的所谓“克己复礼”，早就过气了，不值得学习。

孔子的礼，是不是过于繁琐、靡费，历史上是有佐证的。当年他去齐国谋差事，齐王准备重用他，齐相晏婴就已经阻止并批评过了，晏婴说孔子这些儒家，就是靠婚丧仪礼吃饭的，如果依照他们的方式来治丧，大户人家得脱层皮，小户人家几乎倾家荡产，这完全不利于齐国的强大和发展。齐王一想，也对啊，于是就没有继续挽留孔子。

但我认为，礼在形式上所出现的问题，不能成为阻碍我们探讨“礼”核心价值的理由。礼者，理也。孔子所说的“礼”，就是一种秩序感，而这恰恰是人类社会最重要的追求。我们知道，无论是精神还是物质世界，其要义都是其内在“秩序”，就像是同样的碳分子，由于秩序排列不一样，它既可以成为金刚石，也可以形成石墨。

好的家庭关系，好的家庭教育，也一样——礼，就是先后、主次、轻重、亲疏的排列组合关系。

而家庭关系的核心，就是两个：情绪管理和关系管理。教育孩子，你先得把这两件事搞明白再说。

众所周知，夫妻长期吵架的家庭，对孩子的内心是有伤害的，孩子会有很多负面的情绪。实际上，除了避免吵架，我们更应该注意的，是大多数家庭所存在的两个致命“误区”。

第一个，情绪管理。许多夫妻大概是没有找到双方长期生活，可以共同遵循的价值观和信心，他们就会把人生目标，错误地锁定在“生孩子”上面，认为婚姻的任务，就是要至少生养一个孩子。可是问题出现了，很多夫妻恰恰是生了小孩以后，或者是小孩养育大了以后，反而离婚了，为什么？因为他们觉得自己的使命完成了，这就是为什么养育了孩子的家庭，离婚率并没有因为“有孩子”而降低的原因，如果你把婚姻只理解为养家活口，为了生育孩子，你就已经把婚姻本身轻贱了。当然，婚姻是一种契约，但不是天条。你可以选择永远不结婚，没有人非逼着你必须结婚。双方要结婚，除了有身体的本能、财富的追求、避险的愿望之外，你还要为组建这个家庭，找到一个对夫妻双方都有价值的人生激励目标，比如，双方可能要变成“比学赶帮超”的伙伴、亲人，彼此作为师长，这就是人生伴侣的意义。生养孩子反而可能是夫妻生活的“副产品”，如果只是为了生孩子，你可以有许多种办法，为什么一定需要建立夫妻关系呢？何必结婚呢？

有人甚至会抱怨说：你看，都是因为你，你爸你妈才老打架的。这都哪儿跟哪儿啊？你们倒果为因了吧？

所以，夫妻首先是要设定一个共同的目标，而且要让孩子也能看到你们的目标。大量的夫妻没有目标，生完孩子两个人几乎就不说话了。由于没有共同的目标，双方彼此是厌恶和排斥的。在孩子面前说话，了无生趣，并且充满苛责、谩骂和争吵。“你为什么不给我做饭？”“你看到碗都不会洗，你眼瞎了？”“你看，这事早听我的不就完了？就不应该听你的。”这样的争论少吗？一天到晚的苛责，“你还不如隔壁老王挣的钱多”，你不断地打击对方，来发泄你们目标缺失后的失落，这对孩子公平吗？

拿孩子的因素来捆绑的夫妻关系，也一定会把夫妻关系的种种不和睦，投射到孩子身上。

夫妻关系要处理得好，一定是不断地夸奖、赞美、肯定，而不是批评、苛责和辱骂。你越辱骂，就越导致整个家庭氛围紧张，最后……土崩瓦解！

第二个，所谓的关系管理，就是指亲子关系和夫妻关系。举个例子，如果各位现在的孩子还在上中小学，回到家里以后，你肯定会问孩子，今天考试考多少分？孩子说，我今天考得不好，考了 70 分，老师把我批评了一通。“你怎么考成这倒霉样子？倒霉孩子。”你这样说孩子，你让孩子怎么办？孩子肯定会产生强烈的叛逆心。

中国人经常把孩子对父母教育不服归纳为叛逆，这就跟我们误读孔子一样，你是自己在用战术的勤奋，来对付你战略上的懒惰和失败。

“礼”的本意，就是要遵循一定的秩序。在孩子面前，作为父母，你一定是他最值得信赖的，换句话说，你和孩子应该是一头儿的。“被老师批评了？你肯定心里很难过吧。来，爸妈先给你煮个鸡蛋，或者带你出去看场电影。然后咱们回来再想想，怎么改进我们的学习方法？”现在呢，有多少父母是直接一巴掌把孩子打翻在地？这就是把你的孩子从你身边推走，你跟学校的教师没有任何区别了，本来家庭这个应该发挥作用的缓冲地带消失了，当爹妈的已经从“父母之位”僭越到了“教师”之位，那你让孩子该怎么办？离家出走？或者选择更极端的逃离方式？

从这个意义上，你才能理解，为什么孔子要说“子为父隐，父为子隐”。

同样的问题，现在很多夫妻请老人帮你们带孩子，一带孩子，老人和小夫妻就会出现分歧。亲妈带孩子有一套，当婆婆的带孩子也有一套。这时候，儿子就很重要。大部分做儿子的，长期受到被误读的孔子思想的影响，说我们要孝顺，“孝为大”嘛。就像社会中老有一个问题：“你老婆和你妈掉河里了，你先救谁？”许多人都坚定地认为，从纲常伦理的角度，应该先救妈。其实，恕我今天讲一句“大逆不道”的话——“先救妈”的选择是错误的，我不是说对老人不该尊重，从社会的文明角度上讲，当然要挑体力最弱、生存能力最低的救，但是，在家庭发生类似矛盾的时候，让男的一定要选择一个的话，你就必须先选择在法律关系上最亲密的关系，比起你没结婚之前的“母子关系”，现在你结婚了，你和你妻子所构成的新家庭，显得更重要，这时候，以往的亲子（母子）关系要退到第二位，“夫妻关系”优于“母子关系”（或“母女关系”）。

这就像刚才我们所说的，当孩子和外界事物发生冲突的时候，“亲子关系”是第一位的。而这个时候，“夫妻关系”则是第一位的。很多儿子代表他妈教育他老婆：我妈把我都带这么大了，你能不信我妈吗？当妈的也说，你说说你老婆，她对孩子的教育方法不对。所以，儿子就习惯说，你得听我妈的。他老婆就觉得很奇怪，小孩子毕竟是我生的，又不是你妈生的。你倒是你妈生的，但是你和我结婚了，这是我们的孩子，我为什么不能教育他？于是妻子就开始和丈夫闹。结果，夫妻这么一闹，不仅没有帮助老人解决问题，反倒让老人陷入更大的悲哀——因为，老人也不希望看到儿子受这么大的罪。

所以，我们这些做老人的，必须要搞明白，对孩子的教育问题，一定要多听亲生父母的意见，那毕竟是他们的孩子。不要因为有了第三代，我们想用“隔代疼”的方式，来重拾我们做父母的“年轻态”，这其实也是当今老人普遍存在的心态问题。因为习惯了“夫妻任务就是生养孩子”这种错误思维，孩子独立之后，大量六七十岁的老人，和许多中年夫妻一样，同样丧失人生目标了，结果又把“带孙子（女）”视作自己的人生目标，为了争夺孩子教育的话语权，又给你的子女增加了压力。

这些问题的责任在谁呢？并不完全在于老人，也不在于妻子，很大程度上是出在当儿子、当丈夫的人身上。这男的没搞清楚，要解决分歧，正确的方法，应该是首先站在妻子这一边，夫妻关系，远比你和你妈的关系要重要得多。“妈，这事别管了，这是我们自己的事，让我们自己去处理。有些事情可以帮助，但是教育的问题要听我的。”老妈如果在乎亲子关系，就不会和儿子争了。

为什么前不久“虎妈猫爸”的话题会那么火？实际上，如果夫妻两人对孩子的教育理念完全统一，要么就信奉应试教育，要么就索性送到英美接受教育，并不可怕。可怕的是，父亲严、母亲宽，或者反过来，而且，双方都试图成为主导家庭的唯一声音，这就会让孩子在你们夫妻教育的分歧中，容易找到突破口，孩子反而难教育了。还有一种情况，要么孩子就让你爸妈帮着带，要么你们就自己带，绝不能又让你爸妈带，还说要听我们小夫妻的，这样，你父母和你们之间会产生巨大的冲突。你没时间，索性交给老人们带一段时间，哪怕带得不好了，带出毛病了，回来你再扳回来，都来得及，我才不相信孩子的坏习惯有扳不过来的时候。但你既然现在选择了忙于工作，把孩子交给父母带，那就相信父母吧。人生哪有两全其美的事？没有。你交给他，就让他带，要不然自己吃点苦，自己带，让父母帮忙打个下手儿。如果做不到，你就别要孩子了。这个问题，很多人没有搞清楚。

这就叫“认账”，许多事情，你得认！不能口是心非、朝秦暮楚。

谈到“情绪管理”，我们就先要突破思维的局限。

孔子在做人上，我认为《论语》一书中，最值得我们牢记的，就是十个字——

“君子求诸己，小人求诸人。”（《论语·卫灵公》）

这就是凡事先从自己找原因，修炼自己，别动不动都怪罪外界或别人。

有一次别人问曾子，孔子的理念如果一言以蔽之，是什么？曾子回答："夫子之道，忠恕而已矣！"（《论语·里仁》），孟子解释为："行有不得者，皆反求诸己。"（《孟子·离娄章句上》）。

对这些话，其实不用多做解释，但放在生活里，应该怎样践行呢？我们举个例子——比如，你现在看到自己的孩子做了某件事情，很生气，正要张口就骂，抬手就打，记住，这时候请把你这种第一反应看成是尝试性反应，无论这个打骂孩子的理由多么吸引人，多有说服力，在你没有考察清楚之前，千万不要轻易接受。然后你想一想，我为什么对这样的行为会做出如此反应？考虑你这种反应，是不是借鉴了其他人的反应？还是你内心的暴力倾向，是不是源自跟这事并无直接关系的其他因素？最后，你再想想，我对孩子用什么教育的方式或态度更好呢？

工作当中，这样的例子也是不胜枚举。比如，你给领导写了四封电子邮件，领导一直没有回复你。我们本能的反应就是愤怒，领导真瞧不起我。然后，就把这种负面情绪向无休止的方向蔓延，这也是人类的一种心理本能，也算是一种自我保护机制——过度反应和扭曲事实。所以，当你憋了一肚子气，见到领导第一件事，可能会气不打一处来："你是不是瞧不起我？我从前天给你发信，我给你发四封信，你竟然都不给我回复。明天这活动就要做了，你让我干还是不干？是不是希望我这事没有做好，你把我开除掉，然后就顺了你的愿，你要安排你的人再进入这个单位？……”你这种连珠炮式的陈述、总结、发问，都没有让对方有表达的机会，你完全放大了自己的情绪。

而正常的反应是什么样的呢？

第一，陈述事实：“领导，从昨天到今天，我已经给你连续就这件事发了四封电子邮件，但到现在为止，我并没有收到你的回信。”事实是双方都认可，无争议，没有情绪的内容。对方可能会有反应：哎呀，我是没有时间回复你。你看，你就给他一个下台阶的机会；或者领导真是有什么原因，没有看见，你也给他一个澄清的机会。或许是你完全误解了人家。所以，千万不要用情绪化的方式，激怒对方，咱们只说事实。

第二，陈述这个事实，给你造成的影响：“领导，由于你两天没有给我回消息，使得我食不甘味，睡不安寝，我在想我是不是有工作做得不好，让您生气了，或者是我的电子邮件写得不清楚，让您没看懂。”只说此事对你的影响，至于对方是不是有错误，是不是闹情绪，不做任何评价。

第三，陈述对整个系统，特别是对我们的影响，但切记，一定不针对个人：“领导，明天这个工作要开始了，如果电子邮件你不给我回复，意味着合约不能签。我们已经付出的一部分成本可能会成为沉默成本，可能会让公司违约，也许会影响我们公司未来整个的信誉。”让他听完之后，对于系统风险会感到担心。

最后，直接请示他的下一步行动：“请问领导，今天您能不能明确表态，这个合同我该签还是不签？”

这就是情绪管理。你的表达如果遵循这四步，可以减少很多不必要的冲突。在家庭当中也是。“你怎么还没做饭？”这种反问的方式，会让对方一下子都不开心。“我今天一天都没吃饭，我下班很晚，现在已经八点了，该到了吃饭的时间了。”先说事实，再说感受。“因为没吃饭，我的胃可难受了。”接下来，“万一我胃坏了，得去看胃病，老婆你还得请假陪我去看”。请求一下，“夫人，能不能帮我做一顿晚饭？”

关于有效沟通的能力问题，我从六个方面进行了归纳，和大家做个探讨：

1. 表达能力。把事情说清楚，别啰唆。和孩子说一件事，比如孩子问：“爸爸，为什么鸟在树上唱歌？”你能不能把这件事说清楚？

2. 沟通能力。这和表达能力不一样，表达是你对自我的表达，沟通是双向的。沟通的方式方法，比沟通的内容更重要。你要和孩子聊天，你是真想和他聊，还是做做样子？表达只是你一方面说，沟通是我说我的，我也听听你的，双方把共同认可的事实都摆在这里，才能站在宏观大局上判断问题。

3. 说服能力。关键在于诉诸感情，也就是我们俗话所说的“同理心”。我们以前都特别强调，说服要有逻辑。比如我跟我女儿说，别看那电视剧了，一点也不好看。然后我就站在人类的文化高度，站在伦理学、逻辑学、哲学的高度陈述，认为她看这东西，纯属是浪费时间。可我女儿一句话，就把我打懵了——“我偏就喜欢看，有钱难买我愿意”。你看，我所有的逻辑、技巧，在“我愿意”三个字面前，一下子全都作废了。为什么？她投入的是感情，因为我对这部电视剧没有感情，跟她找不到感情共鸣点，我怎么说服她呢？

很多做信访接待工作的人，最终可以说服他人，靠的不是逻辑，往往就是感情。我和你共同流了眼泪，我和你共同看了这部电影、这本书，就有更多说服你的机会，你也容易陷入感动，陷入他的世界，这叫“感情同一性”，你得跟他一样。你总说孩子玩电脑不好，请问，你玩过吗？你完全站在理智的角度，而孩子是站在感情投入的角度，你怎么可能说服他呢？你和他一起玩一遍，你的说服力就比从来没玩过要强。

4. 谈判能力。博弈、协商、妥协，然后让彼此利益最大化，并能够达成一个明确的结果。你不是全赢，而是部分赢，让出部分权利给对方，做出某些妥协。

5. 人际交往能力。我们谈话情境的选择，往往不是一对一，而是一对多、一对群，你要在乎你说话的时间、地点和选择的对象。

唐太宗对魏徵说："你总是对我提意见，你不怕死吗？"言辞中已经透着杀气。魏徵则说了一句唐太宗特别愿意听的话，他说："真正明智的人主，对臣下当然有杀伐决断的权力。作为一个真正明智的臣子，会选择跟什么样的人主做沟通。如果我有话该说，但我却没说，我这叫失人。我如果有话，对不该说的昏聩的君王说了，给我带来大祸，我这叫失言。我有这么多的意见想向您表达，就是因为我既不想失言，也不想失人。"听了这番话，你想，唐太宗还有杀魏徵的理由吗？

6. 公众交流能力。简洁、生动、有效（准确）。今天我们的讲座，就是公众交流，我要努力把我脑子里的东西，最后装在座各位的脑子里。

谈到家庭教育，我还要送给各位一句话：人真正感到害怕的并不是死亡，而是被他人遗忘和放弃。

为什么要说这句话？这跟我自己的一次报道经历有关，那还是许多年前，2007 年 4 月 16 日，美国弗吉尼亚理工大学发生了一起杀死 32 人，最后枪手本人也饮弹自尽的枪击案。凶手名叫赵承熙，是一个 23 岁的大学生，韩裔美国人。赵承熙的犯罪动机，因为人死了，他生前又沉默寡言，孤独无友，至今成谜。

我们为此专门采访了中国人民公安大学的犯罪心理学

专家李玫瑾，还有美国的著名刑事侦探李昌钰。经过专家的分析，至少有几点是肯定的：第一，赵承熙的一只手臂上有纹身，写着“IsmaelAx”等字样，好像这个词汇在英语中有“被遗弃的敌人”之意。第二，赵承熙上大学时写的文章经常有死亡内容，他还创作过一部充满暴力的剧本和两部充满病态感的小说。除此之外，赵承熙再也没有留下任何作案的线索。

李玫瑾老师特别重视赵承熙的成长经历——这个韩国小伙子是 8 岁从韩国随父母移民到美国的。父母都是在美国开干洗店生意的人，他们平时很忙，赴美后忙于挣钱，并没有多少时间和这个儿子在一起……根据我们搜集到的对赵承熙家人的采访资料，移民美国对于赵承熙来说，是非常突然的一件事，据说是拿到签证、临行的前一周左右，父母才把这个消息告诉了他。李玫瑾老师对我说：一个 8 岁的孩子，突然，就被带到了一个完全陌生的环境中，没有朋友，语言不熟，特别是文化隔阂严重，以往一切熟悉的都不存在了，唯一可以慰藉的是父母还在身边，可是初到美国的父母又要疲于奔命挣钱，根本顾不上照顾他，他成天孤独地面对这个世界，是不是有一种被放弃或被遗弃的感觉？

我一直在说：一切暴力的根源，都是基于恐惧和自卑。

再拿我们熟悉的身边环境举例吧。许多做父母的人经常焦虑：我的孩子为什么那么沉溺于玩电子游戏？为什么成天抱着个手机，根本不跟我们交流，他（她）是不是染上网瘾了啊？

我不大赞成这种看问题的态度。很多人动辄说“网瘾”，好像玩电子游戏，就一定导致孩子问题化、犯罪率高。那我们推导一下：在少管所的人，大多数人不仅玩电子游戏，还吃饭。是不是吃饭的人犯罪率也都高呢？不能用这样的类比方式，逻辑上说不通。

人是社会性动物，不能离开群体环境。孩子们肯定愿意结交各种朋友，谈论他们感兴趣的话题，只不过互联网让他们有了新的交往平台。对于价值观相似的人，孩子更有亲近的欲望，但在大多数中国家庭中，孩子会很明显地感觉到，他（她）的价值观跟父母不一样，差距甚远。如果你真的想跟孩子成为“朋友”，不妨先放弃做父母的“控制”心态，更不要逼迫他（她）放下手机，不玩微信，而是首先扪心自问，我能不能找到和他（她）共同感兴趣的话题，可以和他一起交流。

你不做这样的努力，一天到晚就会叫孩子关上电脑，放下手机，说实话，那样做，不是孩子愚蠢，而是你愚蠢——你才是真正那个害怕被人遗忘和放弃的人。记住，朋友关系，是平等主体之间才能建立起来的关系，上下级、长晚辈，如果要成为朋友，确实很难，但不是完全不可能，取决于上级愿意不愿意承认“袍泽之谊”，长辈愿意不愿意接受“忘年之交”。

我们经常会说“言必信，行必果”，很多人把它与“君子一言，驷马难追”相提并论。这句话出自《论语·子路》，孔子和弟子端木赐（子贡）关于什么样的人算“士”的对话——

子贡问曰：何如斯可谓之士矣？

子曰：行己有耻，使于四方，不辱君命，可谓士矣。

曰：敢问其次。

曰：宗族称孝焉，乡党称弟焉。

曰：敢问其次。

曰：言必信，行必果，硁硁然小人哉！抑亦可以为次矣。

曰：今之从政者何如？

子曰：噫！斗筲之人，何足算也。

道德，从来是约束自己的。所以孔子十分看重，一个人在明知别人不知道自己在干什么的时候，他做了什么事。这就是一个“士”的底线。

最上的士，是接受君王的任务，出使四方，握有很大的权力，这接近于“将在外，君命有所不受”，但是只要我通过自己的方式，因时、因地、因人解决这个问题，大目标不错，那就是“不辱君命”，就是上上人了。这一点足以说明，孔子并不是一个特别古板的人，他从来没有规定你非要怎么样。

对于次一等的“士人”，孔子的评价也很直接：“宗族称孝焉，乡党称弟焉。”宗族，也就是本血统的家族里面，评价这个人对长辈是恭敬的，堪称“孝”；在乡村里面，也就是所处的非血缘的社会群落当中，大家说，这个人堪称“弟（悌）”，也就是够朋友、够兄弟，“这人是我的兄弟”，这说明你能把人际关系处理好。

再其次的“士”是什么呢？孔子的这句回答很有意思：“言必信，行必果，硁硁然小人哉！”这其实是小人的标准啊。现在不是讲究“诚信”吗？言必信，行必果，这是多重要的标准？为什么孔子说这是“硁硁然小人哉”？当然，孔子又说：“抑亦可以为次矣。”意思是这个人勉强也还够得上做“士”的资格。

孔子有很多弟子，都是“硁硁然小人哉”的状态。比如他的大弟子子路，和孔子年龄相差不大，也算谨遵老师的教诲：“言必信，行必果。”《论语》和《史记·孔子世家》里都记载了“子路之死”，子路给孔悝做家臣，发生内乱，子路身体特别好，孔子周游列国这样的长途旅游，主要是靠子路这样的人做保镖。他在和叛乱者厮杀的时候，实在是体力不支。古代男人的头上戴着一个“冠”，他系冠的缨被人砍断了，冠就掉地上了。当时子路已经受伤很严重了，但子路依然跪在地上，把剑放在地上，将冠重新戴到头上并用手系冠缨，什么意思？子路说：“君子死，冠不免。”这是孔子曾经给他做的教育。冠礼，是男人的成人礼。成人之后，就要戴冠。这代表了作为“士”的尊严。就在这一刻，子路就被人乱剑砍成了肉酱。孔子听说子路死了以后，非常难受。从此再也不吃肉酱了。

这算不算“言必信，行必果”？算！但这并不是孔子认为的最高明的士。孔子从内心并不是特别欣赏子路，“暴虎冯河，吾不与也”，子路也经常直言批评老师。看《论语》，子路和孔子有很多对话都是很有意思的。

那么，孔子为什么说“言必信，行必果，硁硁然小人哉”？他希望，真正智慧的人不能那么拧巴。因为时移世易，不同的情境下，人要学会权变。比如，一个流氓和你说，我抢劫你们家，你不准告发我，告发我就杀了你。你答应不答应？你肯定得答应啊。你说，我不答应？我不干？那你就没命了。所以，对强盗的答应、承诺，可以被看作暂时的权宜之计。

孔子在鲁国的政治生涯中，一直有一个反对派，这个人叫阳货，是大夫季孙氏的一个家臣。阳货其实对孔子还是蛮欣赏的，他掌权之后，特别想请孔子来政府当官，但孔子非常不愿意配合，一直避而不见。于是，阳货就专门给孔子家送礼，送了个熟的小猪，他知道孔子是讲“礼”的，既然我给他送了礼，孔子明天必须要以礼相还，礼尚往来嘛。这是古人的规矩，我给你礼，你不还礼，就变成

“无礼”了。

孔子收到礼物后，心想，这可怎么办呢？他给我送了小猪，我至少得给他还礼，但这样我们不就见面了吗？孔子也很聪明，趁一天阳货不在家，专门跑上门回礼，礼也还了，面又不见，两全其美。可人算不如天算，不巧，那天刚好阳货提前下班，路上看到孔子，阳货就叫他“孔丘，你过来”，孔子很尴尬，没躲过去，于是只好走到阳货身边。阳货问了他几个问题。“国家很混乱的时候，需要不需要治理人才？”孔子说：“需要人才。”阳货说：“好的人才，是否应该为国家尽力？”孔子说：“是的。”阳货再问：“你作为国家的人才，你是不是应该到政府做官？”孔子说：“对，应该做。”阳货很高兴：“说好了，明天到我这里来报到，我给你准备好位置了。”但等孔子回家之后，弟子问：“老师，这该怎么办啊？”孔子答：“我当着阳货的面，怎么也不好当面驳他的面子，但我真的能给他当官吗？他的立场和我的立场是不一样的。”为了这事，孔子索性去国离乡，周游列国了。其实，对于孔子的违约，阳货也理解，你也就是应付我一下。

大家别把阳货看得那么坏。这在孔子时代，他也是非常奇特的人物。虽然这个人对孔子不断地打压、迫害，但到晚年他快死的时候，他还是跟鲁君建议，还是要把孔丘请回来。春秋时代的“坏人”，都有这样的识才之道。

孔子懂得变通。这个例子告诉你，不是什么样的话都要“言必信，行必果”。诚信和正直固然重要，但是这个社会，千变万化，也要避免因为逞一时之意气，夸下海口，弄得一错再错……也要给及时修正错误和弥补过失，留下一定腾挪的空间。

现在，教育部门出于对国家《未成年人保护法》的考虑，主张孩子不要“见义勇为”，要“见义智为”，从某种角度上讲，也是对孔子前面那句话的一种人道主义解读。但是，我也必须提醒各位，真理往前一步就是谬误！见义智为的前提，仍旧是要“有为”，绝不是明哲保身式的逃跑主义，最后因其“沉默无为”而置他人生死于不顾。所以，再怎么强调“智”，基础还得是“勇”，就是作为一个社会人，要有担当！

《论语·为政》——

子曰：非其鬼而祭之，谄也；见义不为，无勇也。

2015年，我曾做了一期《东方直播室》的节目，有关学校凌虐事件。被欺负的孩子回到家里，家长基本有两种态度，一种是“以德报怨”，他对你不好，你要对他好；一种是“以怨报怨”，家长帮你去打。“以怨报怨”我们当然反对，这是企图用私刑来解决，这样的丛林法则，会令社会变得越来越坏。孔子有一句话，又被我们误读了——“以德报怨”，这句话是在顺民时代被人刻意误读，你查典籍，孔子从来没有说“以德报怨”，而“报怨以德”

这四个字也是见于《老子》。

《论语·宪问》当中有一段——

或曰：以德报怨，何如？

子曰：何以报德？以直报怨，以德报德。

孔子回答很明确：你如果对我不好，就要允许我用正直的方式向你提出。孔子不是不强调报复，人类社会能存在至今，报复，也是一种很重要的文化。政治就是一种权力制衡的学问，防止受到暴力伤害的方式，是要有同等值伤害对方的实力做储备，这才能使人作恶时会有所忌惮。君子报仇十年不晚，你压制、残害了我，早晚有一天我要清算。

我们总是说算了吧，以德报怨吧。但是针对恐怖主义，我们不能有丝毫的退缩和商量。因为他们犯下的是反人类罪，还以德报怨？做梦去吧。但是，我们现在还有“以直报怨”的基本理念吗？我们从小就是被压抑的。

我写过一条随笔：

在中国的历史上，权力者最习惯喊出的一句话，就是：“你竟敢如此大胆……”它也经常被简化为四个字“好大胆子”，或者就两个字“大胆”，甚至，就一个字——“敢？”总之，中式权力的一切目的，就是希望你能自觉自愿地认怂，骨子里充满了“不敢”和“没胆”。所有人都无时无刻不处于“恐惧”和“紧张”中，讲真话，就成了人群中一种极度稀缺的品德——毕竟，“真”的前提，唯“敢”而已。

以直报怨，就是以“真”报怨。

那么，孩子在学校里被人打了，又得不到制度本身的救济和保障的话，怎么办呢？我记得，当年杜月笙对他的手下有个训条，第一，能不打就不打，咱们讲理；第二，一看形势，打不赢，那就跑；第三，如果跑也跑不掉了，对方又人多势众，那就不管自己怎么挨打，找准人，找他们人群里面最弱的那个人，逮住他拼命打，对方如果不是有意要置你于死地，你的这股气势，肯定会镇住他们。我这么说，可绝不是鼓励大家要加入黑社会，但这确实是一种人生态度，尤其是遭遇到莫名其妙欺负的时候。

再举一个例子，《论语子张》——

子张问仁于孔子。

子曰：能行五者于天下，为仁矣。

请问之。

曰：恭、宽、信、敏、惠。恭则不侮，宽则得众，信则人任焉，敏则有功，惠则足以使人。

对于子张所问的“什么是仁”，孔子的回答是：“能行五者于天下，为仁矣。”哪五个方面？“恭、宽、信、敏、惠”。

你恭敬对待他人，就不会轻易侮辱他人，不侮辱人，也不自取其辱。

宽厚者，众人才愿意跟随你，如果你是一个十分苛刻的人，连夫妻关系都会很糟糕，水至清则无鱼，人至察则无徒。

“信”就是信用，在经济学上，科斯发明了“交易成本”理论，唯有降低交易成本，别人才会信任你——比如你借钱就还，别人才愿意更多借给你钱。像现在有人说网络约车不好，有欺诈和安全的风险，但我却认为，如果市场的竞争度足够，网络约车的企业它会自动建立诚信体制，这个诚信体制对乘客有好处，司机更是求之不得，在技术上，可以通过一些方式记住你的行车路线，你收对方多少钱，有没有宰过客，如果有差评来你就完了。我一贯认为，人类社会的诚信，从来不是学校教育出来的，而是不断通过人与人之间、组织与组织之间的相互纠错而获得的。

“敏则有功，惠则足以使人”——人要聪敏，但更重要的是，你要给人们一些实惠，才能让别人为你做事，不能老使唤人占人便宜。

我们今天想让孩子成为好人，于是鼓励他做志愿服务，但如果没有任何正向激励反馈给他，这种“志愿”就成了恶人占好人便宜的借口。我们这个社会总呼唤好人，但必须认清一个事实，好人，需要更高的成本去维护。我们一天到晚说劳模，夸这个人获得了什么奖章，但老是展示他悲惨的一面。有一年，我参加劳模的评选，我心里很不舒服。我是第 10 个上去演讲的，前面 9 个人的演讲，几乎都是描述自己如何“苦”。我说，我们今天是评劳模，不是在开追悼会。劳模怎么那么惨，老婆生孩子，你还在工作；儿子病了，我从来没有时间陪他。如果劳模评选都变成这样，谁还愿意去当劳模？你要让别人觉得有“惠”，至少觉得，我选择这个职业是快乐的，而不是痛苦的。

真正的激励机制，并不是指成功了之后发你多少钱奖金，而是让你从内心认可自己的努力，对这份工作或学习，天然就抱有好奇心，有乐趣，是“累而不苦”，而不是“苦而不累”。

相信在座的各位，教育孩子的过程当中有过这样的“惠”：你弹钢琴弹得好，妈妈奖励你一盒巧克力。你好好学数学题，数学题做完了，爸爸带你出去玩。虽然我强调要有恩惠，但你用这样的恩惠方式，恰恰是变相提醒孩子，做数学题和弹钢琴是一件特别苦的事，你这个引导是有问题的，若长期用这类行贿的方式，让孩子去做一件事，孩子会认为这件事本来就是苦的。当终于有一天，你的“行贿成本”达不到他的要求时，他就会放弃对这件事的坚持。这种错误的“激励机制”，一定会毁掉孩子的兴趣。

《论语》之所以很好读，就是因为，它认真探讨我们该如何处理人与人的关系。

我不是基督教徒，但是我很喜欢十字架。我认为，十字架是人类最简约的一个标志。其实，十字架最早就是古罗马一个刑具，用来处罚罪犯，把耶稣钉死在上面。但抛开这段历史不讲，这个“十”字，这一横、一竖，很简约，它折射的就是人生的一种基本理念。

这一横，代表人与人的关系。这一竖，代表着人与神的关系。

你这一生要解决，你和人如何打交道，你和平等众生怎么打交道，但前提是要有这一竖，人与神的关系，这个“神”可能是超乎自然属性、超乎现实功利的一种力量。比如你追求精神，追求信仰，追求神。你会发现，人与人关系的“一横”，是靠人与神的这一“竖”建立的。如果没有这一竖，你那些“横”是无所着落的，可能就是一地鸡毛。

我们说，我的人际关系处理得很好，我认识某局长、某处长、某董事长，可以做很多事情，但是，如果你的人生没有坚定的价值观，这些局长、处长、董事长凭什么要和你来往呢？你只有向“神”的境界追求，你才能精进你的技能，丰富你的才华，提升你的思想，你的人格才会有魅力。这样的话，你根本不用找什么关系，关系会来找你的。

有人常常问我，教育的真谛是什么？我说，你若有时间，可以去看一下《大学》《中庸》的第一句话，这非常简单吧？中国的所有典籍，第一句话，几乎都是提纲挈领，算是作者最重要的精神体现。就像《孙子兵法》第一句话："兵者，国之大事，死生之地，存亡之道，不可不察也。"后面的内容，全是遵循这种思想所做的详细解读。

《中庸》第一句话是什么？天命之谓性，率性之谓道，修道之谓教。

这句话，我认为是一切教育的核心要义——我们每个人生下来，都各自有一种天赋的秉性；能够激发出这种潜在的巨大能力——"率性"才是正道，"逆性"都是邪道；坚持道法自然，并不断地修炼、琢磨，庶几近乎道的行为，就是教育！

而教育的目的，也正如《大学》第一句所说的——

大学之道，在明明德，在亲（新）民，在止于至善。

"明明德"可以视作是对自己的要求，"亲（新）民"可以解释为人与社会的关系，而"止于至善"则可以理解为对知识、技能的衡量标准。

以往我们教育子女，总是喜欢用"我定规则、你来遵守"的方式。中国是联合国《儿童权利公约》的缔约国，但是有几个人了解，儿童的基本权利是什么？当中，除了生存权、发展权、受保护的权利之外，还有一个重要的权利，叫参与权。

我们中国的孩子，参与过和他（她）有关的家庭决策了吗？他（她）有抉择权吗？我们总怪孩子不理性，为什么他们不理性？就是因为家长们基本不给他们选择权——一个人的理性高低，和选择多少成正比。

所以，最好的家庭教育方式，家长要让孩子们参与决定，他（她）就会变得理性。其实，社会上的许多矛盾激化为冲突，也是基于给权利相关方提供的选择太少。

我举个例子：比如你今天买一件衣服，穿着不合适，你要到我的柜台来退货。按我们的内部规定，减价商品我们是不给退的，但我跟你说“不能退”，你肯定会跟我急。

好的销售和经营策略，一定是不能由卖方说了算，而是要让顾客选择：先生，这件衣服按道理我们不能退换，如果你一定要换，第一，您可以先放在我这里，半年之内等新货到了，我马上给您换。第二，您要退可以，但要多交500元退货费。第三，您可以不退，回去改改，我们愿意支付您的打车成本，给100块钱。第四，您也可以既不退、也不要这个钱，我给你一张卡，你下次再买东西的时候，我们给您打折20%……

当然，我这里只是打个比方，真实的处理方案，首先就是不能违反《消费者权益保护法》有关“三包”的规定，但我这个例子中，给了顾客多种选择，他需要自己琢磨一下，无论哪一种选择，对方都会变得很理性，从而做出让双方都不至于损失太大的决定。

如果孩子对某件事，也有几种方式选择，那当然是最好的，但是当他们选好后，家长要跟他们说：你得说话算话！他就明白，要为自己的选择负责！现在很多 80 后、90 后都比较任性、不太理性，我想主要原因，还是大部分的父母，没有让孩子有自我选择的权利。

孔子的教育思想，最可宝贵的，就是他不走极端，非常圆融。从这个角度上，在波普尔的“证伪主义”和皮亚士、杜威等人的“实用主义”等哲学思想中，都能找到与孔子理念相似的地方，我认为，特别在今天的中国，有必要将这些思想重新阐发并与教育实践有效结合。

什么是“证伪主义”？简而言之，一个结论是不是科学，以前我们认为，必须要经过实证检验。但波普尔认为，能够被证实的，恰恰不能证明其结论是科学的。一只天鹅是白的、两只是白的、一亿只天鹅都是白的，那你也不能保证，第一亿零一只，就不会是黑天鹅。所以，按照波普尔的理解，科学命题需要的不是证实，而是证伪。所有真正的科学结论，必须能被证伪。

自从“证伪主义”诞生以来，凡号称掌握着“宇宙真理”的人，就都开始紧张了，因为从这套理论体系看来，越是自称恒久不变的“真理”，就越显得可笑和荒诞——因为，这种表述本身就是“不科学”的。

换句话说，你只能说上帝不是什么，但不能说上帝是什么。

那么什么样的事是不可证伪的呢？比如算命。算命先生说：“再过几天，你就会遇到贵人。”请问，过几天啊？贵人是什么样的啊？全都语焉不详。

为什么有很多人认为“星座”的说法很准，恰恰是因为它“不可证伪”，说白了，就是把话说得神神秘秘，以满足你一些个人小癖好。比如说：“你是一个从来不轻易对男人（或女人）付出你感情的人，你是一个内心极其缺乏安全感的人。”100%的人会说对——那不就是说我吗？没错，每个人都会有腼腆的一面。但算命先生还会加上一句话：“不过，你还没有遇到你命中的真命天子，遇到这个人，你会义无反顾，死而无悔。”这句话，把两面全都说了，这就是不可被证伪，明显是不科学的，但你会认为，真准啊！

明天会不会下雨？会下雨，50%的概率；不会下雨，50%的概率。但有一个人说，明天可能下雨，也有可能不下雨。这句话，百分之百是正确的，但是毫无意义。所以，很多人拿着“辩证法”到处忽悠，说这件事既是好的，也是坏的，就靠这种模棱两可的表达欺世盗名。

我不反对要辩证地看问题，但这不等于就此可以模糊了所有立场和观点。

拿“民主”为例，少数服从多数确实是民主的一项原则，有一些人就说，希特勒当年不就是靠民主选举选出来的吗？所以就大谈“民主不是万能的”——可笑的是，没有人说过“民主万能”，这种论证本身，就是冲着自己内心的虚拟靶子开枪。实际上，民主真正的价值就在于它的“可证伪”——民主是少数服从多数，但人们如果发现选上的这个人不行，还可以通过民主的方式修正它——把他给选下来。所以“民主就是一个可以不断纠偏的过程”。

孔子的教育实践和理念，我认为伟大的地方，就在于他不刻板、不僵化、不教条，孔子主张“因材施教、有教无类”，他承认人生下来，各自禀赋天然不同，不同的人，就不能用一种模子套，也毋庸在观念和理念上迂腐地选择“站队”，好像不坚持什么，就一定失去了“师道尊严”。《论语》中最有代表性的，就是这一段对话——

子路问：闻斯行诸？

子曰：有父兄在，如之何其闻斯行之？

冉有问：闻斯行诸？

子曰：闻斯行之。

公西华曰：由也问闻斯行诸，子曰“有父兄在”；求也问闻斯行诸，子曰“闻斯行之”。赤也惑，敢问。

子曰：求也退，故进之。由也兼人，故退之。（《论

语·先进》)

杜威的“实用主义”，20 世纪 50 年代以后，一直受到批判，不仅是杜威——这位美国最重要的教育思想家，他许多宝贵的教育实践观点被阻拦在国门之外，就连杜威的学生——胡适和他所提出的“大胆假设、小心求证”，也“连坐”式地遭到批驳，这就使得我们对“实用主义”的理解十分偏狭，很多人误认为，实用主义就是功利主义。

实用主义特征是什么？——拿“奥卡姆剃刀原则”来解释：如无必要，勿增实体！

比如，量子力学已经从某种意义上推翻了牛顿经典力学，那么，为什么我们现在还在使用牛顿力学的基本计算方法？因为，这个理论，在现有问题和条件的框架内，足够用了。你的体重有多少？我说，我要用量子力学算一下？没必要！所以，不要弄太多花里胡哨的玩意儿，够用就行。家庭教育其实也一样，该打的时候，就不妨打一下，说多少大道理都没有用。现在很多家长，被许多复杂的理论弄得晕头转向。当然，我不是说他们不对，但是有些东西纯粹成了纸上谈兵、刻舟求剑，无法变成现实。实用主义不是功利主义，不是投机，实用，恰恰是我只挑选对我有用的，不浪费的、最经济的、最有效的办法。别说大道理，少弄假大空。

孔子的教育理念，就是建立在实用基础上，我们大多数人都记住了他的“因材施教、有教无类”，实际上，我觉得《论语》中还有八个字，更能准确地说出孔子的具体教育方法：“不愤不启，不悱不发。”——

不愤不启，不悱不发。举一隅不以三隅反，则不复也。（《论语·述而》）

孔子说：不到学生自己努力想弄明白的时候，先不要忙着去开导他；不到学生心里明白，却又不能完善表达的时候，不要去轻易启发他。如果他还不能够举一反三的时候，就先不要往下进行了。

同时，孔子的美学教育，也是值得我们认真思考的。我一贯认为，真、善、美，是有逻辑递进关系的——真，是善的底色，善，是美的前提。

比如，孔子听音乐，就追求尽美尽善。他在齐国听一首名叫《韶》的乐曲，就赞美道：“尽美矣，亦近善矣。”回去以后，这种美好令他“三月不知肉味”。但听了乐曲《武》，孔子就说：“尽美矣，未尽善也。”因为那里面有杀伐之气，不符合孔子“仁”的价值观。

我在这里也“吐个槽”，我们的大部分学校教育，都是在“尽善”，希望你善，但却忽略了美，我觉得，没有哪个国家的中小学生的校服，有中国校服这样地普遍难看，孩子每天穿得跟大麻袋似的。你说，他（她）连对美的追求都受到压制，未来他（她）会一心向善吗？换句话说，他自己的审美品位都没有得到应有的尊重，你希望他会尊重别人吗？

很多年前，我到香港去，见到中环太古广场的水暖工，穿一身白色的工作服在工作，我问：你们为什么穿白色？多容易脏。水暖工说：这是我们公司的规定，虽然我们干最脏的工作，但是老板说，只有穿白色的衣服，才能让人家对我们这份职业尊重，我们自己也能找到一种尊严感。

你看，我们这个社会，当然要崇尚精英，但我们也一定要善待非精英。让他们知道什么是善的前提，是先要让他们知道什么是美。

在人生的旅途中，我们永远是在安全和自由中做选择。要安全就少自由，要自由就少安全。所以，自由本质上是一种对人生更大的挑战，生命真是需要刺激的，否则了无生趣。

最好的教育，要发挥每个人的不同天赋，让他找到自己的兴趣点、好奇心。没有任何东西，比好奇更重要了。爱因斯坦提出相对论的时候是 26 岁，曹禺写出《雷雨》的时候 22 岁。包括很多著名的艺术家、科学家，他们创作最旺盛期间，都是在他们年轻的时候。

你对此可能会感到很奇怪，不是说“知识就是力量”

吗？没有知识储备，怎么可以发明？要知道，知识储备分垂直和水平两种类型，也就是要区分它是单一积累型的，还是广泛涉猎型的。当你掌握某一类知识越来越多的时候，你可能反而没有创造力了。在某一知识领域，当你具有非常深厚影响，成为专家了，你就没有机会颠覆它了。而当你知道的事情很多，具备跨界思考的能力，而对某一领域的知识储备，恰好又处在一个足够用、又不过分多的临界点，正好这个时候就最富有创造性。

比如，爱因斯坦大学毕业时的成绩，并不怎么样，找工作不容易，特别巧，他同学的老爹有点地位和门路，也算是“拼了一下同学爹”，爱因斯坦便进了伯尔尼的瑞士联邦专利局工作。现在人们都说，因为爱因斯坦在专利局没什么事儿，所以，才能有“闲工夫”建立相对论。是这样吗？我认为这可能只是其中一个原因。爱因斯坦确实是个不喜欢按常理出牌的人，他上大学那会儿，就是根据自己的兴趣上课，不爱上的课，就索性不上了，借同学笔记看，但是，他特别愿意琢磨机械问题。当年在专利局，专利报送过来，都要附各种图纸。作为专利审查员，爱因斯坦的任务是干什么呢？就是看图纸！那时候，也正是机械和电气大发展的时代，爱因斯坦虽然精通机械，但毕竟没有学过太多热、电知识，于是他就自学，去看各种学术和专利书刊。关键是，爱因斯坦还要将自己的头脑当作思维实验室，将许多发明的图纸和文字——那些尚未变成现实的技术，先进行一番假想……要知道，爱因斯坦在专利局做了七年啊，这种思考训练，对他后来物理学研究可谓关系重大。

你看，小孩子多么喜欢游戏，尤其愿意到处触摸。触摸，这种感知带给他的刺激感，远远大于他看书本的刺激感。孩子，天生特别活跃。成年人不爱玩，为什么？成年人的知识太多了，觉得这些东西玩过了。成年人的生活，实际上比孩子要无趣得多，成年人很难树立起好奇心，仿佛只对钱有好奇心，剩下的什么兴趣都没有了。

许多成年人都活得很无趣。这对教育理念都有很大的影响。我们发现，很多外语学得好的孩子有一个特征：家庭中父母天生充满童趣，夫妻两个人说话，就像说相声一样，抑扬顿挫、夸张可人，在这样的家庭中成长起来的孩子，语言能力非常好。

如果你一进这家庭，夫妻两个人一脸死沉闷，孩子也不说话，这样的孩子，外语肯定不可能好。学外语，首先父母要改变语言风格，这样孩子会觉得自由。垂直信息和横向信息当中，横向信息最有利于创新、创造。

喜欢创新，也意味着这个人本身一定是喜欢变动不定的。很多科学家或艺术家——像爱因斯坦、毕加索等人，他们的成就，和他们早年家庭所遭遇的各种变故有关，比如父母离婚或者死了。古今中外很多天才，都是父母在他（她）10 到 15 岁的时候，至少有一个人离世了，中文称丧父为失怙、丧母为失恃。

孔子就是这样的人，他出生后失怙，少年又失恃。这些重大的变故，也使他一下子对人生有更多的反思，对人生会有反省。真的，并不是获得知识，才获得人生的反省，恰恰是因为他有对自身反省，所以他也会追求一个更高的、可以超越自己人生困顿的目标。所以，要容纳叛逆、容纳变异，容纳那些让大家认为不正常的人。

我前面说过，古代经典的第一句话，都特别重要，那么我们就来看看，《论语》的第一句话是什么？——

“学而时习之，不亦说乎？有朋自远方来，不亦乐乎？人不知而不愠，不亦君子乎。”（《论语·学而》）

第一句话，“学而时习之，不亦说乎”——我们总认为，这个“习”字，就是“复习”的意思，但我认为，这纯属是被我们误读了。复习是多么枯燥的一件事。中国的基础教育之所以很难培养创新精神，就是因为我们老强调无休止的复习——什么“书山有路勤为径、学海无涯苦作舟”，使得学习本身的乐趣全失。初三复习一年，高三复习一年，中学一共六年，有两年算是彻底废掉了，老在不断地重复旧知识，你当然就减少了接触新鲜知识的机会。

当然，我并不否认复习的价值，“温故而知新”，我也承认，学习不可能完全是快乐的，学习就是不断克服人类本能的惰性，但重复训练，一般都是在认知性比较差的领域，比如弹琴、开车，这些复杂技能的掌握，确实是需要反复练习。但对认知性要求较高的，语境也趋于复杂化的，比如哲学、艺术、自然科学和社会科学研究，都不能简单地依靠复习来获得发展和突破。

你不妨看看孔夫子，他是如何形容自己的呢？他说，我是个“发愤忘食、乐以忘忧、不知老之将至云尔。”“子曰：知之者不如好之者，好之者不如乐之者。”（《论语·雍也》）在他看来，学习应该是快乐的——我理解，他所说的“说”——快乐，是属于更深层次的、内心的快乐，而不是指物欲或肉欲所能带来的快乐，肯定不会是指“复习”。这个“习”指的是“实习”，也就是学以致用，把你学的东西，马上派上用场，这难道不就是一件很快乐的事吗？譬如，今天我学了一个技术，明天我就试着做一下。孔子教给弟子什么？诗、书、礼、乐、射、御，还有一个重点，是教学生如何给群众操办婚丧嫁娶，类似现在的一个会务公司、婚庆公司，学会了之后，学生就可以干活、挣钱了，实习还带工资，所以才“不亦说乎”。

我在《论语》当中数了一下，孔子谈到“学”，多达17次，但说到“教”，却只有7次。孔子所说的“学”，也不是简单地指“学知识”，而是指对自己人生的不断省思，是为了让人真正能够成为“人”，做人应该做的事。所以，他更多强调自我学习。

我的朋友郑也夫先生，写了一本书叫《中国教育病理》，他批评中国总是搞教育的“军备竞赛”，因为我们的教育不是为了解放人，而是束缚人，我们太早把人定性了，太早让学生选择文科和理科，其实，人真的是要慢慢寻找自己适应的发展方向的，太早定位了，就会导致学习的主动性没有了——我们是按照对工具认识的方式来“制造人才”。德国教育所创造的12年义务教育，我们学了，但德国教育中注重职业教育的部分，我们怎么就不学了？我们中国人不愿意给孩子自由选择的机会，现在一上高中，就被分流、定性。没有人再愿意问，你未来的理想是什么？未来想干什么？我们整个教育体制，根本就不是按照这样的方式去培养人的。

有一年，我去美国参加一群中学生的毕业典礼。仪式上，老师说这个孩子已经考上哈佛了，鼓掌；这个孩子考上斯坦福了，大家再鼓掌；老师又说，这孩子……还没想清楚自己以后要干什么，但他决定不考大学了！结果呢？大家也鼓掌，而且掌声最热烈。

学生没有想清楚，高中毕业先不上大学，也不工作，行不行？行！美国文化承认这种特立独行也是一种人的基本权利。有一些人，可能天生就不适合高考呢？但他可能是非常好的厨师和设计师，或者当个好出租车司机。为什么我们要认为他是“失败者”呢？老这样说，他没有快乐了。

另外，你以为高校扩招了，就减少大家压力了？就算扩招了，大家还是要重新比较的。国内的大学或学院，还要分“211”“985”的学校呢，就算“211”“985”都算不上标准了，大家还要接着比，我是出国念的，还是在国内念的。

这种没完没了的“军备竞赛”，令所有家庭在教育上疲于奔命，不断地投入精力、物力、财力，毁掉了家庭对孩子最起码的认知和理解，也让每个孩子都成了失意者、挫败者。

第二句话，“有朋自远方来，不亦乐乎”。很简单，一个人的眼界要开阔。要学会换个角度看问题，你才不会变得狭隘，同时，也就不容易因为你的年龄束缚了你的思维！

第三句话我特别喜欢，“人不知而不愠，不亦君子乎”。人的一生，肯定会遇到很多挫折，就像孔子周游列国的时候，曾被围困在陈、蔡两地之间，孔子都没有饭吃了，依然弹着琴唱歌。子路问他，夫子之道至大，但竟然今天走投无路，是不是我们的志向错了？子路的想法很简单，他觉得，陷入这种前有堵截，后有追兵状况的，全因为老师孔子的理念不切实际。而另外一个弟子子贡，是个情商、智商都很高的商人，他则用了一种商人讨价还价的方式来劝慰孔子：夫子之道太大了，但就是不能为世所容。那么，我们能不能暂时隐忍一下、减损我们的“道”，来适应一下这个社会呢？只需要放弃一些原来的东西，比方说，原来不行贿，现在行点贿；原来不求人，现在求个人。我能不能妥协一下？这时候，孔子最喜欢的弟子颜回说话了，他说：夫子之道，确实至大，也不容于世。又有什么可抱怨的呢？正是因为不能被世所容，方现君子。

这段被围困于陈、蔡的故事，《论语》也有记录，子路很生气地问孔子，难道君子也有穷途末路的时候吗？但孔夫子的回答，则非常简单，叫“君子固穷，小人穷斯滥矣”。

孔子认为，是君子，就一定会遇到穷途末路的时候，君子知道，这是他命运当中必须要面对的，只有坦然地去接受它，只有小人，遇到穷途末路，才会无所不用其极，无恶不作，无所不为。

还是那句话，我们谈家庭教育，家长，并不代表真理的拥有者。孩子究竟能不能养成良好的品性，有没有创造力，愿意不愿意学习，是不是最终能够找到人生的乐趣……做父母的，是极其重要的参照系，你的言传，远远比不过身教的影响力，你扪心自问一下，你想让孩子能做到的，你自己做到了吗？你让孩子反省，你自己反省了吗？没有人天生就具有当父母的资格，也没有哪个机构，可以颁发一张证书给你，说你从此就是天下最好的父母了。

有一天，有个路人问子路，说你的老师孔子究竟是什么样的人？子路当场不知道怎么回答。回来和孔子一说，孔子回答道：你应该这样回答，你的老师是这样的人——“发愤忘食，乐以忘忧，不知老之将至云尔”。我努力起来，工作、学习起来，忘记了吃饭。乐以忘忧，不是苦以忘忧，孔子从来不认为学习是苦差事，是我们把它弄苦了。头悬梁锥刺股，必须要有仕途，必须要当官，万般皆下品，唯有读书高，还老说“玩物丧志”，什么意思？因为你把金榜题名、进入仕途当成人生唯一的成功之道，你当然会认为，除此之外的其他任何事，都是丧志的，这样的标准未免太狭隘了吧？

我认为，凡是只有一个正确答案，或者无视人与人的巨大差异性，企图用一种标准解决所有问题的社会，都是病态的，它会令大量的人感觉自己是失败者，有强烈的挫折感，这样的教育，也一定不是好的教育。要知道，夫妻，甚至是老夫、老妻，养育孩子都不是我们唯一的人生目标。我们在生活中，还有更多的人生目标要去完成。你如果找不到一种人与神的对话方式，你或许也无法建立全新的人与人的关系。

最后，请大家记住，《论语》这本书中，孔子最核心的人生价值，我认为就是十个字：“君子求诸己，小人求诸人。”

如果你真想做一个“君子”，那么，就请多从自己身上找问题，改进自己，而不是像“小人”一样，凡是出了问题，都要一股脑儿怪罪别人。就像很多强奸犯给自己找的理由："如果不是这个女性长得那么漂亮，穿得那么少，或者深更半夜地一个人在路上走，引逗得我控制不住自己，我怎么会做出违法犯罪的事情呢？所以责任在她！"你一听，就知道这个说辞实在是荒诞不经，但我们在生活中，是不是也经常给自己的无能和错误找类似的理由呢？

（根据2015年11月28日、2016年4月27日上海图书馆主题讲座的文字整理）

你会选择谁的活法？

——莎士比亚与汤显祖

今天到这里来，我希望以一个曾经毕业于中央戏剧学院的传媒人的方式，来重新阅读一下汤显祖和莎士比亚。

每年的 4 月 23 日，都是一个非常重要的日子——世界读书日。

这个日子，缘起于 1995 年第 25 届世界出版大会，当时，西班牙政府向联合国教科文组织递交了一份申请，希望把 4 月 23 日定为“世界阅读日”，而最后联合国教科文组织把这一天定名为“世界图书和版权日”，简称“世界读书日”。

为什么是由西班牙政府率先提出这个动议的呢？因为当年召开大会（巴塞罗那）的西班牙加泰罗尼亚地区，有一个“圣乔治节”。传说在当地，古代有一个公主，曾被一条恶龙困在一个山洞里，这个时候，来了一位勇士叫乔治，经过一番恶斗，他终于打败了恶龙、救出了公主。公主出了山洞，感激涕零，于是，就送给乔治一本书……

这就是“圣乔治节”的由来，在 4 月 23 日这一天，当地人都愿意互相赠送玫瑰花和书籍——因为书籍代表着勇气和见识。当然，更重要的是，4 月 23 日这一天，也是伟大的剧作家莎士比亚去世的日子。莎士比亚的出生和死亡的日期，非常巧合，都在同一天——他是 1594 年 4 月 23 日出生，1616 年 4 月 23 日去世。而在同一天去世的，还有一位极其重要的文学家，他就是西班牙作家塞万提斯，他堪称是世界小说的先驱者，塞万提斯与莎士比亚竟然同年、同月、同日去世，真是太富有戏剧性了。所以，4 月 23 日已经成为一个文学上的标志。

在这儿，我必须要更正一下：实际上，莎士比亚和塞万提斯，并不是真的在同一天去世的，因为当时欧洲所使用的历法是不一样的，莎士比亚所在的英国，由于英王与罗马教廷的决裂，仍在使用旧的历法——儒略历，而天主教实力很强大的西班牙，则已经改为新的格里高利历，所以，他们的去世日期实际上是不一致的。

当然，我们更不能忘记的，是在这一年——1616 年，中国也有一位非常重要的戏剧家去世了，他就是汤显祖。今年恰逢汤显祖和莎士比亚逝世 400 周年，所以，我觉得有必要在这里面对诸位，来缅怀一下这两位世界级的戏剧大师。

诸位知道，在南非有一个罗本岛，曾经是关押政治犯的地方，很多反对种族隔离政策的人就被关在这个监狱。其中，有一位名叫松尼·温卡特拉斯南的反种族运动的革命领袖，他向狱警申请买书，狱警同意他，可以带一本书进入监狱，他带的就是一本《莎士比亚全集》。这本书被拿进监狱之后，众人争相阅读，陪伴大家度过了一个又一个难熬的日子，被称为“罗本岛圣经”。

监狱中的每一个犯人，都会在他喜欢的篇章后面签上自己的名字。1977 年 12 月 16 日，有一个人在剧本《裘力斯·凯撒》上面，签上了自己的名字，这个人就是纳尔逊·曼德拉。

曼德拉的名字，是签在这段诗歌体的台词旁边——

懦夫在死前就已经死过好多次；
勇士一生只死一次。
在我所听到过的一切怪事之中，
人的贪生怕死是最奇怪的事，
因为死本是人免不了的解决，
它要来的时候谁也不能叫它不来。

只有在这个时刻，你才会发现莎士比亚有多么重要！他一直活在我们的世界里，他会陪伴着我们共渡人生的各种难关。

今天我想把这个演讲，起一个更特别的副标题——《威士忌和糯米陈》，来指代莎士比亚和汤显祖。

尼采在著作《悲剧的诞生》里，专门把理性精神和情感力量称为“日神”和“酒神”。戏剧就是最典型的“酒神”的体现。实际上，尼采的这个提法最早来自黑格尔，黑格尔认为，凡是代表秩序理性的美，就是太阳神阿波罗的美，而所有代表内心的欲望，和那种狂热的突破规则的勇气，都来自酒神狄奥尼索斯。

我更愿意用酒来形容艺术家的特征。每个喜欢艺术的人，内心都装着一个酒神。每一个喜欢艺术的人，也大多喜欢喝酒。因为只有喝酒，能让你自己显得和平日里的“正常状态”不一样，但谁又敢说，那种“正常”肯定就是真正意义上的正常呢？

莎士比亚，就是英国的威士忌，清洌可口；而汤显祖，则更像是中国江南的糯米酒，入口绵软，沁人心脾。虽然都是酒，就像莎士比亚和汤显祖，如果真能相遇，你不妨仔细品一品，他们的味道是有巨大差别的。只是他们的作品，会让人暂时忘记现实，当你进入一个想象空间，你会发现，无论是威士忌还是糯米陈，其作用是一样的。

酒喝得再多，总有曲终人散、南柯梦醒的时候，但你若真能体会到酒的魅力，就可能会更多地爱上今天的生活。

今天我想通过三个问题，来归纳我的演讲主题——

1. 艺术究竟应该是职业的还是非职业的？

2. 经典应该保护还是革新？

3. 语言的边界到底在哪儿呢？

英国首相卡梅伦在纪念莎士比亚逝世 400 周年写的一

篇文章中说：“莎翁流传于世的作品，影响深远，无人比拟。他的作品被译成一百多种语言，被全世界一半的学生诵读。与他同时代的剧作家本·琼森就说：莎士比亚将超越时代，他将永垂不朽。今天，他仍然活在我们语言文化和社会中，对我们教育的影响经久不衰。”

尽管日本的青木正儿和中国的赵景深，都称“汤显祖是东方的莎士比亚”，实际上，莎士比亚与汤显祖唯一相同的地方，就是都死于 1616 年。他们的不同之处，远远超过他们的相似处。

如果说，莎士比亚的职业身份就是“剧作家”，汤显祖则是一辈子都不愿意称自己是“剧作家”。

莎士比亚和汤显祖的作品数量级也不一样，莎士比亚 38 部戏剧（也有说是 39 部的，有两部据说是“伪托之作”）、154 首十四行诗；汤显祖却只有《临川四梦》（亦称“玉茗堂四梦”），不过他的文集（包括诗歌）之文字数量，远超莎士比亚。

汤显祖年谱翔实、有据可考；莎士比亚个人资料奇缺（譬如，与他同时代的剧作家本·琼森相比），面目模糊——难怪后人对“是否有莎士比亚”一直存疑：一种说法，是莎士比亚的剧本全是演员集体创作的结果；另一种说法，则是伊丽莎白女王亲自写的。只不过，这两种说法最后都成了——伪托一个叫“莎士比亚”的人写的。

莎士比亚一生就为了赚钱养家，以戏剧为职业，疲于奔命，从未有谋取官衔和爵位的念头；汤显祖不仅科举困顿，耗尽20年光阴，官场又蹉跎多变，《明史》上仅用四字评价他——“蹭蹬穷老”。他一生想当官，写剧本真非他本意，故汤显祖生前，从未打算真正上演自己的戏剧，直至身后其名才彰显天下。所以，莎士比亚是把兴趣做成了职业，而汤显祖完全是把兴趣和职业（仕途）两下分开，纯属业余编剧，聊抒胸臆而已。

从历史背景上看，莎士比亚生活的时代，正被文艺复兴的大潮所裹挟，禁欲教条被打破，古希腊的理性和人文主义回归，商业资本兴起，英国正试图崛起并称雄欧洲；汤显祖则生活在中国专制主义最稳固的明朝后期，那个著名的万历皇帝的时代，生活的缓慢、压抑，理学教条下的禁欲使得人们有强烈的无力感和幻灭感。

莎士比亚和汤显祖，都突出表现了人性之“梦”，只不过，一个集中于理性与欲望交织的“梦想”，一个着力于人生争取与放弃的“梦幻”（譬如《南柯记》）。

他们之间的不同，远远超过了他们的相同。

你可以通过互联网，查找到莎士比亚时代的伦敦城市风情图。伦敦，当时已是一个拥有至少20万人口的庞大城市。在泰晤士河边上，船码头边上就有莎士比亚最早演出的剧场。那时候的伦敦剧场，有点像中国古代的“瓦舍勾栏”，是一个公共的“大客厅”。

生活在公元16世纪的当地民众，进入这样一个看似圆形屋顶，但里面实际上相当于“半露天”的剧场看一场戏，据说站票只要一个便士。你只需在门口投币，就可以进去看戏了。当然，二层、三层的一些包厢略贵一些，也就两个便士。

莎士比亚所在时代很特别。他生活在伊丽莎白女王一世和詹姆士一世之间。伊丽莎白女王的父亲是亨利八世。了解基督教历史的人都会知道，因为教皇阻碍自己的婚姻，亨利八世决定跟罗马教皇决裂，英国脱离罗马教廷控制，成立英国国教，并且，亨利八世自封为教主。后来，伊丽莎白女王即位后，为了弥合因为决裂而导致的政治罅隙，特别是跟欧洲其他国家的关系，她不断地在做修补、弥合的工作。但是，就像后来的俄罗斯的叶卡捷琳娜二世一样，这位英国女性君王，从来没有忘记英国是要向外发展的。那时的英国，打败了海上霸主西班牙，有机会向海外进行大规模开疆拓土，中央王权跟地方贵族也进行着激烈的权力斗争，那是一个具有青春期野心、迷茫、躁动特征的英国。

莎士比亚曾经最早从业、后来又参股的几个剧院，开始都因为是露天的，所以演出也大多都在白天演，而不能在晚上演；后来有了一些封闭剧场，烛火的照明条件也好了，晚上也可以演了，而且剧情结构也就更复杂，当然，收费也比露天剧院高了——后来许多剧院都是因为火灾而被焚毁，不知道是不是这个原因？

现在，伦敦有名的景点，就有被重建过的露天环球剧院。这个剧场可以分上下三四层，一共容纳 2 500 人，底层的所有观众，几乎都是站着看戏的。当时的演员，所要面对的最多的情况，就是“混乱”——观众在下面，要么就是吃饭，要么就是聊天，包括相亲谈恋爱的，甚至有专门打架的。就是在这种乱糟糟的大环境当中，莎士比亚的戏剧还必须要吸引所有人关注，所以，他要绞尽脑汁，动用很多手段。那时的观众，如果不喜欢这个戏了，或者讨厌哪个演员了，大伙也会当场起哄，集体退票，向台上扔鸡蛋扔手巾……就在莎士比亚参股当老板的“环球剧院”遗址中，历史考古专家还发现了一个小小的文物：一把叉子。您要知道，当时许多英国底层老百姓吃饭还是用手抓，不用叉子的，而这把叉子上面，还打了俩英文字母“A”“N”。这很有可能是一个贵族，自己带着刀子、叉子进去边看戏、边吃饭的。所以，也可以证明看莎士比亚戏剧的观众，包含着很多不同的阶级，可见他的受欢迎程度。这个剧院下面的所有的观众都是站着观看的，如果剧情不经过非常复杂的编排，没有很多的变化，怎么可能让人看很久呢？

而且，那个时候的戏剧，是没法换幕的，到了换场景的时候，就需要出来一个人朗诵一首诗，来做中间的间隔，这也就是今天看到的很多剧本里，动不动就出现大段的，略微有点违和感的诗句的原因。

我们前面说过，莎士比亚从小家庭还算富庶，他还能上得起学，但后来家道中落了，他不得不先帮助父亲做皮具生意，然后又进入剧院从打杂、表演、编剧，最后做到某个剧院的股东，终其一生都在努力赚钱。实话实说，莎士比亚后来也确实赚到钱了，还在他的出生地——埃文河畔的斯特拉福德镇买了房子，还买了农庄。尽管莎士比亚从供职“宫廷大臣剧团”开始，就算是皇家御用的戏剧工作者，他的剧院，实际保护者又是詹姆士一世国王，他也受过国王封爵，但莎士比亚就是不进入行政序列，一方面占据着宫廷剧团的演出，另一方面又四处商演，这些，其实和英国戏剧一贯的商业化传统是有关系的，何况，伦敦又是英国商业的中心。

汤显祖所生活的中国明代万历年间，明显是有些死气沉沉的。《明史》上专门有汤显祖的传记，不过，可能会出乎你的意料——整整一篇长文章，竟然只字未提他写过剧本，全是记录他的官场生涯。要知道，《明史》是清初的人所写的了，当时汤显祖的《临川四梦》已经很流行了，但在《明史》中，这些戏仿佛人间蒸发了。也许那个时候的文人，根本不认为写剧本是个正经之事，纯属“玩物丧志”，不记也罢！

不过，汤显祖确实算得上是一介狂狷之士。他是王阳明学派的传人，老师罗汝芳也是江西人，算是一代大儒。《明史》倒是详细记录了汤显祖的为官生涯。我印象最深的，是有三句话评价。第一句，就是“少善属文，有时名”。汤显祖的文采有多么出众？我们举个小例子——

万历的内阁首辅、大学士张居正的儿子张懋修，要参加科举考试，张居正知道，自己的孩子水平一般，于是就想在考场上做个手脚，找两个当时最富名望的青年才俊“陪考”，其中一个就是汤显祖，这样的话，儿子和他们一起考试，还能中状元，不就显得理直气壮，没有人再会怀疑我儿子的水平低了吗？张居正于是派人做这两人工作，意思是，只要你们同意配合，就有机会赢得高官厚禄，那个人同意了，但偏偏汤显祖死活不干，这下子算是得罪了张居正。1580 年，张懋修中了状元，但之后汤显祖却屡试不中，一直熬到张居正去世，他才考中了进士，但也没拿到实职，被发到南京留都做了闲差。

第二句话，说汤显祖“意气慷慨”。就是有话直说，眼里揉不得沙子，也瞧不起人。汤显祖不仅得罪了张居正官僚集团，对当时文人的代表人物——“后七子”之一的王世贞，他也不买账。王世贞想像韩愈那样搞“古文运动”，希望文人写文章说实话，直抒胸臆，不要矫揉造作，这个倡议本来也无可厚非，但汤显祖写文章，批判王世贞这是“拾人牙慧，沽名钓誉”，又算是得罪了同行集团。

最后一句，“蹭蹬穷老”。张居正死后，汤显祖又看不上继任首辅申时行。他在南京当官时，万历十九年，汤显祖专门上疏皇帝，以一封《论辅臣科臣疏》弹劾申时行，顺便还把皇帝数落了一番。这下子，汤显祖肯定是自找倒霉，一下子就被贬到广东的徐闻，从京官降为典史，类似今天的县公安局局长，等于由“官”降为了“吏”；后来，他好不容易恢复到七品芝麻官，去了浙江遂昌当县令，结果还是因为耿直，开罪了其他官僚集团，为了抗议迫害，汤显祖索性告假回家，朝廷见状，不仅不追究问题官员的责任，还下令褫夺了汤显祖的公务员身份，彻底让他丧失了重返官场的可能。

一辈子当官不走运的汤显祖，回到江西临川，建了个房子，名叫“玉茗堂”，开始完成他的《临川四梦》，也称《玉茗堂四梦》。中国的知识分子都有一种性格特征，就是“道不行，吾乘桴浮于海”，汤显祖号“海若”，为什么？就是取了《庄子·逍遥游》北海之神“北海若”之意，他还号称“清远道人”，又和当时的高僧达观过从甚密，达观评价他：以你的道行，完全可以出家为僧了。

从1598年被朝廷“开除出公务员队伍”，到1616年去世，汤显祖回到临川的这近二十年，实际上内心是愤懑不平的，按照他从小所受过的教育，汤显祖一直梦想着经天纬地，做一番能造福国家的大事，“学而优则仕”，仕途断了，这对他的打击极大，他自己甚至也从没想过靠写剧本为业，这些创作，纯粹也不是为了挣钱或出名。古代戏剧有三个层面的演出团体——宫廷剧团，地方豪族所养的“家班”，还有就是社会上游走的民间剧团。汤显祖晚年生活很困窘，不可能养得起“家班”，但他不吝惜精力，演出班子可以到他家来经他手把手地“调教指点”，不过，历史资料显示，曾有人劝他去外地商演赚钱，汤显祖却全都拒绝了。

汤显祖是个人文主义色彩极重的人物，就拿他在地方上当小官的经历为证，兢兢业业，老百姓都非常敬重他。史书上说，有一年中秋节，他甚至打开县里监狱的大门，允许犯人们外出观灯，然后自动回监狱，犯人们感佩他的仁厚，最后，一个不落，全都按期回来了。

汤显祖的伟大情怀，仅就《牡丹亭》中，对杜丽娘的评价就能看得出来：你如果真爱一个人，你为他死了，那不叫爱；你死了以后，还因为爱能活过来，才叫真爱——

天下女子有情，宁有如杜丽娘者乎！梦其人即病，病即弥连，至手画形容传于世而后死。死三年矣，复能溟莫中求得其所梦者而生。如丽娘者，乃可谓之有情人耳。

情不知所起，一往而深，生者可以死，死可以生。生而不可与死，死而不可复生者，皆非情之至也。（汤显祖《牡丹亭·作者题词》）

我们说了汤显祖和莎士比亚这么多生平上的不同，但我认为，他俩之所以都成为后世景仰的伟大的戏剧家，因为有一个十分重要共同点——真诚！

汤显祖无疑是个“不职业”的戏剧家。

但是这个世界上，有许多所谓的“非职业”或者“业余”，不过是个自我标榜的噱头，更多是在残酷的市场竞争中，为了凸显差异化而给自己贴的标签而已，用“业余”这块敲门砖，试图敲开厕身仕途的大门，唐代的终南山隐士们，早就给一些精致的利己主义者做了示范，用“非功利”的姿态来邀得绝对的功利，成了当今艺术，乃至政治的一种策略。这些策略，在“蹭蹬穷老”的汤显祖面前，显得多么卑鄙！

必须承认，在巨大的商业利益面前，莎士比亚和他的剧团，当年不可避免地采用了很多噱头，甚至庸俗的手段，来创作一些高上座率、高票房的戏剧，但这并没有妨碍莎士比亚在嘈杂纷乱中，认真地思考人生，并提出问题！

我们来看看当年电影《王子复仇记》中，奥利佛爵士所扮演的哈姆雷特，那段经典的台词吧——

活着还是不活，这是个问题。

究竟哪样更高贵？去忍受那狂暴的命运无尽的摧残，还是挺身去反抗那无边的烦恼，把它扫一个干净。

去死，去睡，就解脱了。如果睡眠能解脱我们心灵的创伤和肉体所承受的千百种的痛苦，那真是求之不得的天大的好事。

去死，去睡，也许会做梦。哎，这就麻烦了——即使摆脱了这尘世，可在这死的睡眠里，又会做些什么梦呢？真得想一想。

就这点儿顾虑，承受着终身的折磨，谁甘心忍受那鞭打和嘲弄，受人压迫，受尽污蔑和轻视。

人生的失恋的痛苦，法庭的拖延，衙门的横征暴敛，默默无闻的劳碌，却只换来多少凌辱。

当他只要自己用那尖刀，就能解脱了。谁也不甘心，呻吟，流汗，拖着这残生。

可是对死后又感觉到恐惧，又从来没有任何人从死亡的国度里回来，因此动摇了。

宁愿忍受着目前的苦难，而不愿投奔向另一种苦难，顾虑就使我们都变成了懦夫，使得那果断的本色蒙上了一层思虑的惨白的容颜。

本来可以做出伟大的事业，由于思虑就化为乌有了，丧失了行动的能力。

看到了吗？莎士比亚从来没有离我们远去，他依旧活在我们当中。

注明一下：这段著名的台词，我曾经接触过三个比较著名的《莎士比亚戏剧全集》的翻译版本，一个是朱生豪先生的，一个是梁实秋先生的，而这部《王子复仇记》电影是20世纪50年代引进中国大陆的，用的则是卞之琳先生的译本。

我们每一个人，都是哈姆雷特。我觉得，只有你的身体欺骗不了你，而你说的所有的语言，其实都是在撒谎，所以，现在有心理学专门去调查你的行为，当你产生饥饿、疼痛、贪婪、欲望的时候，当你有那种不可名状的感觉的时候，你的身体和你的语言，实际上是脱节的。

同样，你所有的痛苦并不来自外界。我们总在说，是这个世界对我们有所折磨，这世界欺骗了我们，其实，你自己才是一切痛苦的根源！

这就是《哈姆雷特》之所以被人们长期拍摄、排演——让我们看到有不同的演出和电影版本的原因。这个剧本之所以伟大，是在于哈姆雷特可以在任何一个时代，被重新解读，这也是莎士比亚到今天为止能充满生命力的原因。

前几年美国还拍了一个现代版本的《哈姆雷特》电影，竟然把丹麦Danmark，弄成一家公司的名字，故事完全照搬到今天纽约曼哈顿的金融街，也有Claudius，也有Hamlet，也有Ophelia，但是，都变成了公司内部的人事争斗。这就是《哈姆雷特》，可以把戏剧或生存哲学的灵魂，重新装上新的躯壳来重新解读的原因。

重申一下：职业还是非职业，都不重要，关键是，你能不能诚恳地去面对你的生命和这个世界？

莎士比亚尽管要面对这么多的庸俗的观众，但莎士比亚从来没有离开他那个时代的“当代性”（批判性）。莎士比亚剧本中，低俗，甚至淫秽的台词也不少，就是为了要吸引观众，满足人性中最基本的欲望，但采取这些吸引观众的手法背后，他从来没有放弃过对命运和人性不断的思考，所以他的职业化，创造出了伟大的作品。

同样，汤显祖是个非职业选手，他到死都不愿意承认自己是一个剧作家，但这影响他的伟大了吗？没有，因为他真诚。他一辈子都想当官，最后也没能遂愿，但是他努力写文本，用书写来表达生命的冲动和对现实的批判。

现在，我看各种音乐会，经常会有好多人，反复说“我是唱民谣的，我不愿跟主流商业音乐同流合污，我愿意坚持我的不插电艺术”。好，你有权利坚持你的民谣风、不插电，但如果有资本来包装你，说你就必须成为一个“不插电标志”乐队，用差异化来赚钱，你愿意吗？其实，许多看似“反主流”的音乐，不过是用一种奇特的方式，标榜我跟他人不一样，但由于有资本的介入，你最终会异化，演变成你所反对的一部分。其实，你离你的内心追求已经很远了！

尼采说：一切艺术都不容忍现实！

不能否认，商业性、当代性、庸俗性，成就了伊丽莎白时代英国的戏剧；业余性、隐喻性、自我麻醉性，可能也成就了中国明清时代的古典戏曲。但是，汤显祖和莎士比亚都没有在创作中迷失自我，他们都没有跟现实妥协。套用一句流行语：你别忘了，当初为什么而出发？

第二个大问题，是传统内容要不要 IP 化？我们该怎样进行改编？

有力量的作品，总是有着旺盛的生命力——它最突出的体现，就是它的艺术“熵值”(可能性，不确定性)，也会成为一个著名的 IP，频繁地被后世所借鉴、改编、抄袭、解构，甚至恶搞。

中国的古典四大名著《西游记》《红楼梦》《水浒传》《三国演义》就是最典型形成 IP 的例子，历经几百年而不衰；今天的金庸的武侠小说，恐怕就是国内文学类作品中，被改编率最高、衍生产品也最丰富的 IP。

但真要论拥有 IP 最丰富的，我看全世界范围内，谁也比不上莎士比亚。在这方面，根据莎翁作品而改编的电影，就是最具有代表意义的。

1895 年电影诞生，1899 年，莎士比亚的舞台剧《约翰王》就被英国人威廉·迪克森搬上银幕，这也是历史上最早以莎士比亚戏剧为基础制作的电影。

1944 年奥利佛爵士指导并主演的《亨利五世》和 1948 年威尔斯指导的《麦克白》，都是那一时期莎剧改编的经典之作。

中国最早引进莎士比亚的一部电影改编作品诞生在1931年的上海，联华公司拍摄的一部默片《一剪梅》，金焰、阮玲玉等主演。就是彻底照搬莎士比亚的《维罗纳二绅士》。

《哈姆雷特》，大多数中国人除了那部最熟悉的由孙道临配音，劳伦斯·奥利佛爵士主演的《王子复仇记》，恐怕就是冯小刚的那部《夜宴》了，实际上，《狮子王》也是取材于这一主题。

日本黑泽明的《乱》源自《李尔王》，《蜘蛛巢城》源自《麦克白》。

为什么黑泽明可以成为亚洲第一个拿到威尼斯金狮奖的人？为什么他能被奥斯卡评为世界最具贡献的亚洲导演？就是因为，黑泽明找到了莎士比亚的魂，并将其十分妥当、不着痕迹地装在了日本文化的壳里面。

其实，今天“韩流”的全球化也是一样。去年（2015年）10月，我应韩国外交部和文化部之邀，去了一趟首尔进行交流访问。韩国文化部的官员对我表达得很明确：韩国绝不固步自封，非要自说自话强调我的“文化主体性”，文化首先不是谁臣服于谁的问题，而是要彼此交流，先找到大家的共识，然后在共识基础上再凸显自我的风格。

韩国人为了研究文化价值的传播理念，不断地在看美国人喜欢什么，英国人喜欢什么，于是，韩剧的创作模式符合两大特征：

第一，它一定是按照欧美的编剧规范，也就是世界上最流行的那种编撰故事的方式，来构架这部剧。然后，他希望这部剧能够全家一起观看，也就是符合全年龄段，这就要找到基本打动所有人的情绪点，所以，先把这个门槛设好，然后就生产出了我们非常熟悉的《大长今》《来自星星的你》《太阳的后裔》；第二，韩国人认为，无论我的戏剧构架如何向西方看齐，但所表现的内容，一集里面所包含的价值观，必须是符合韩国或者东亚文化特质的。这大概就是日本、韩国电影和电视剧，可以率先走向世界的一个重要的原因吧——不刻意为了突出自己而排斥，甚至挑战全世界共同遵循的普遍规律，但又十分珍视本民族的文化特质和传统内涵。

谁又能说，英国人读莎士比亚的剧本，肯定就比我们中国人理解莎翁更具有正当性？文学，就是用来个性化解读的，为什么说“一千个人有一千个哈姆雷特”？正如罗兰·巴特所说：“作者已死。”在我的眼里，没有不可变更的“原作”，所有的原作和文本，都是为当下服务的。

除了黑泽明，中国导演冯小刚也根据《哈姆雷特》改编成一部具有中国元素的电影《夜宴》，只是影评人的评价好像不太高，但冯小刚毕竟做了他的尝试！美国动画片《狮子王》，那就是另一个哈姆雷特故事的“动物版”。小狮子辛巴最后成为了他父亲那样的人，只不过，这位“动物王子”的复仇是成功的。

20 世纪中叶之后，随着后现代主义的流行，对莎士比亚文本的各种艺术解读层出不穷。

1961 年，根据《罗密欧与朱丽叶》改编的电影《西区故事》，就彻底将时空背景搬到了现代的纽约，用音乐舞蹈替换了繁复的台词，删减大量情节，仅保留了主线；我前面提过，2000 年好莱坞投资仅仅 200 万美元的小成本电影《哈姆雷特》，则对原著进行了更彻底的颠覆，将电影背景完全放在了现代。而不仅《莎翁情史》用戏中戏的方式铺陈故事（令莎士比亚原作得到了另一种解读），《匿名者》更是质疑莎士比亚的身份，讲述了一个莎士比亚不是莎士比亚的故事……

有一个版本的《威尼斯商人》，把夏洛克这个犹太商人置身于“纳粹反犹”的背景下，完全用莎士比亚的原台词，处理出了夏洛克遭受基督教主义迫害的截然不同的效果。

这部电影版的《威尼斯商人》是 2004 年拍摄的，阿尔·帕西诺主演。我们很多人对这个戏很熟悉，甚至，它的片段还曾被收入中学课本。这个剧本中，莎士比亚通过剧中人对夏洛特的大加挞伐，言犹在耳，因为这个犹太商人要割安东尼奥身上的一磅肉。

我们以为自己所了解的世界，只不过是站在你的位置上去看的，但你换一个角度，结论可能就完全不一样了。莎士比亚所处的那个时代，根据基督教的教义，所有放贷的、搞金融的都是坏蛋，死后都不能升上天堂，因为，你的生意是“用钱生钱”，当时的人们认为，它不直接创造物质价值，这就是上帝所不允许的。所以，从这个意义上来说，夏洛克就是一个十足的坏蛋。你注意到吗，《威尼斯商人》原剧一开始，安东尼奥和他的朋友巴萨尼奥，就对夏洛克充满了讽刺挖苦，甚至向夏洛克吐口水，这实际上是莎士比亚时代基督教的主流价值观，也迎合了当年现场观众的兴趣。

但是到了2004年，电影创作者们重新站在夏洛克的角度上，思考了这个问题。20世纪的两次世界大战，让我们看到了六百万犹太人遭到屠杀。夏洛克是残忍，他讨债，想挖安东尼奥身上一磅肉，但问题是，他为什么要这样做？请您听一下夏洛克在威尼斯街道上的陈词：

他曾经侮辱过我，夺去我几十万块钱的生意，讥笑着我的亏蚀，挖苦着我的盈余，污蔑我的民族，破坏我的买卖，离间我的朋友，煽动我的仇敌，他的理由是什么呢？只因为我是一个犹太人？难道犹太人没有眼睛吗？难道犹太人没有五官和四肢吗？没有知觉，没有感情，没有血气吗？他不是吃了同样的食物？同样的武器可以伤害他？同样的医药可以治疗他？冬天同样会冷？夏天同样会热？就像一个囚徒一样吗？你们要是用刀箭刺我们，我们不是也会出血的吗？你们要是挠我们的痒痒，我们不也是会笑的吗？你们要是用毒药谋害我们，我们不也是会死的吗？那么，要是你们侮辱了我们，我们难道不会复仇吗？要是在别的地方，我们都跟你们一样，那么在这点上，也是彼此相同的。要是一个犹太人侮辱了基督徒，那基督徒怎么表现他们的谦逊呢？报仇。要是一个基督徒侮辱了一个犹太人，那么照着基督徒的榜样，那犹太人应该怎样表现他的宽容呢？报仇。你们已经把残虐的手段交给了我，我一定会照着你们的教训实行，而且还要加倍奉还。

我再举个例子，1996年版的《罗密欧与朱丽叶》，主演迪卡普利奥，这部电影完全被放到了美国迈阿密的一个名叫“维罗纳海滩”的地方（维罗纳，就是故事发生的意大利小镇），整个片子就变成了一个现代黑帮之间的斗争故事，但这个片子厉害的地方，在它的台词基本遵循了莎士比亚原来的剧本，改动甚少。比如古代男人们决斗是用剑的，于是，电影就用剑的名称给手枪起名称，比如，这支手枪就叫什么剑，毫无违和感。

从这些例子中，你应该理解为什么说“一千个人有一千个哈姆雷特”“莎士比亚不属于一个时代，而属于世世代代”了吧？

相比之下，我们对汤显祖的“转译”明显是不足的。

这一方面，与昆曲小众并技巧化的特殊表现形式有关，另一方面，大概也是中国人骨子里的不愿意、也不敢挑战传统的长期形成的服从意识有关吧？

不能真正地面向未来，也很难更好地保护过去。从这一点，我特别认同伊利亚斯对文化与文明关系的评述：文化是你显得与他人不一样的地方，文明是你显得与他人一样的地方；文化是与生俱来、流淌在血液中的，文明是需要学习和训练的；文化是要紧盯住过去（传统），文明则是要面对未来（制度）。

问题是，我们对传统太轻蔑了，我们不仅失去了价值观，也失去了传统记忆。

第三个大问题，我想说说莎士比亚和汤显祖对语言的贡献。

莎士比亚曾用 29 000 多个词汇来创造莎剧，而今天的英国人，包括美国人，目前可以日常用到的词汇，也就是大约四五千个，你可以想象吗？现在英语中有 2 800 多个词汇是由莎士比亚在他的戏剧中首创的。

当然，这些功劳，也不一定全要记在莎士比亚一个人身上。因为，演出的文本肯定是常变常新的，并不见得全是他先写好，然后再去排练，很多戏剧都是演员即兴的产物，莎士比亚的剧本，也可能是由很多的演员共同去创造完成的。但无论是汤显祖还是莎士比亚，他们在当时的时代，都创造了一个语言的奇迹。

诸位，我们的语言就是我们认知世界的边界，我们的语言，会接受很多的限制。今天我们有没有想过，我们看到想到的很多东西，都被纳入了我们固化的思维定式。比如说，提到地主，你首先想到的是剥削；提到农民，你首先想到的就是淳朴。但地主一定只有剥削吗？农民就一定淳朴吗？你发现，你用你狭隘的理解和语言把他们一一都对号了。

大家可能还会记得，奥威尔的《1984》中，那个审查极其严格的“大洋国”的词典编辑，对主人公说的那番话，他说：我们这本词典，是全世界唯一的一本词汇量正在不断减少的词典。因为我们的统治者，希望所有人都能用的词越少越好。这样，他们即使思想上想犯罪，可能都想不出犯罪的词来。

一个人的想象力，取决于社会的底层制度的包容程度有多大。

同样，在语言上使用的词汇的丰富性程度，也是这个人的思想边界处在什么位置的表现。

互联网已经明白无误地告诉我们，我们在如此迅速增加的新词汇量面前，是多么的焦虑，又是多么的欢愉。

莎士比亚是个创造词汇和语言的天才，汤显祖也是，其实，诗人全都是！创造新的意象，就是艺术家天然的使命。

我们拿汤显祖最著名的《牡丹亭》的“游园惊梦”来举例子——

杜丽娘唱段：

原来姹紫嫣红开遍，似这般都付与断井颓垣。良辰美景奈何天，赏心乐事谁家院！朝飞暮卷，云霞翠轩；雨丝风片，烟波画船——锦屏人忒看的这韶光贱！遍青山啼红了杜鹃，荼蘼外烟丝醉软。牡丹虽好，他春归怎占的先！闲凝眄，生生燕语明如翦，呖呖莺歌溜的圆。

柳梦梅唱段：

这一霎天留人便，草藉花眠。则把云鬟点，红松翠偏。见了你紧相偎，慢厮连，恨不得肉儿般团成片也，逗的个日下胭脂雨上鲜。妙，我欲去还留恋，相看俨然，早难道这好处相逢无一言？

“姹紫嫣红”这个词，就是汤显祖首创的。你再看他通过柳梦梅的那段词，尽管是描写男女情爱，但用词之讲究，一点也不“污”。这跟我们现在许多人，张嘴闭嘴就朝着低俗化进军、动不动直指人体“下三路”的粗鄙方式，有多么大的差距啊！

汤显祖呕心沥血创作的这些语言，确实是唯美的，但因为汉字有元音和辅音，而且相对单一，所以追求押韵还比较容易，莎士比亚就有点困难了，因为，英语一个词中的元音和辅音很多，它有很多音节，如何去押韵呢？所以，莎士比亚的诗体语言，其实用的是叫“五步抑扬格”，他是用“一轻一重一轻一重”来完成他的诗作。

莎士比亚90%以上的作品，包括戏剧，其实都是诗歌体，但是，以往的梁实秋先生和朱生豪先生所翻译的版本，都是散文体，因为中英文有差异，追求每一句都押韵太难了。今天我为大家推荐上海世纪出版集团新出版的方平先生的《莎士比亚全集》，这是国内第一次完全用诗歌体翻译的莎翁剧作集。另一本是屠岸先生翻译的《莎士比亚十四行诗全集》。屠岸先生今年90多岁了，依然精神矍铄。

怎么用诗歌体翻译呢？我们不妨先来聆听一下，英国人如何朗诵莎士比亚的十四行诗。这是他最著名的第18首——

Sonnet 18

Shall I compare thee to a summer's day?
Thou art more lovely and more temperate:
Rough winds do shake the darling buds of May,
And summer's lease hath all too short a date:
Sometime too hot the eye of heaven shines,
And often is his gold complexion dimm'd;
And every fair from fair sometime declines,
By chance or nature's changing course untrimm'd

But thy eternal summer shall not fade
Nor lose possession of that fair thou owest;
Nor shall Death brag thou wander'st in his shade,
When in eternal lines to time thou growest:
So long as men can breathe or eyes can see,
So long lives this and this gives life to thee.

"Thee"在古代就是"you"的意思。莎士比亚的英语并不难理解，我们以前老说他是中古英语的代表，其实真不是。莎士比亚的英语，已经进入了类似"从文言文到白话文"时代的转换。今天除了有少数几个词你可能看不懂，基本上学过现代英文的人都能看明白。

这第18首诗，您会看到有三种不同的中文翻译版本，您认为，哪一个会更好呢？

梁宗岱译——

我怎么能够把你来比作夏天？
你不独比它可爱也比它温婉；
狂风把五月宠爱的嫩蕊作践，
夏天出赁的期限又未免太短；
天上的眼睛有时照得太酷烈，
它那炳耀的金颜又常遭掩蔽；
被机缘或无常的天道所摧折，

没有芳艳不终于凋残或消毁；
但是你的长夏永远不会凋落，
也不会损失你这皎洁的红芳，
或死神夸口你在他影里漂泊，
当你在不朽的诗里与时同长；
只要一天有人类，或人有眼睛，
这诗将长存，并且赐给你生命。

曹明伦译——

我是否可以把你比喻成夏天？
虽然你比夏天更可爱更温和；
狂风会使五月娇蕾红消香断，
夏天拥有的时日也转瞬即过；
有时天空之巨眼目光太炽热，
它金灿灿的面色也常被遮暗；
而千芳万艳都终将凋零飘落，
时运天道之更替剥尽红颜；
但你永恒的夏天将没有止尽，
你所拥有的美貌也不会消失，
死神终难夸口你游荡于死荫，
当你在不朽的诗中永葆盛时；
只要有人类生存，或人有眼睛，
我的诗就会流传并赋予你生命。

曾瑜阳译——

夏日纵好怎及君？
清丽温婉自超群；
五月花香恶风妒，
夏之芬芳如烟云。
天眼高灼炎难耐，
暗淡容光久不开；
自古天公爱愚弄，
多少红颜终色衰。
恒久夏日不凋零，
娇颜风姿倒乾坤；
死神到此含羞退，
君之芳名入诗文。
人迹罕绝山无棱，
此诗伴君续香魂。

您看，同一首莎士比亚诗经不同的人翻译，完全体现出了不一样的韵味。

我再举个关于翻译的例子吧。《哈姆雷特》，剧中Horatio（霍拉旭）进入丹麦城堡的时候，有一个城门的哨兵对他喊："你是谁？"结果，他怎么回答？"a piece of him."梁实秋怎么翻译？"是他的一部分。"诸位，你看懂了吗？肯定是不理解。朱生豪索性就不翻了，因为他觉得没法儿翻，那么，这句英文的原意是什么？你只有看到演出本身，才会理解——Horatio是从阶梯上面上来的，哨兵问：你是谁？Horatio的意思是：你只是看到我的一部分。因为我要慢慢上来后，你才能看到我的全部。

这句台词，一语双关，我特别喜欢。你今天看到的人群，其实也只是a piece of them，我们的语言和视域，永恒地存在局限。莎士比亚每个段落，他用的每一个词，仔细琢磨，都被发现是深富有哲理的。

最后说一句，作为媒体人，我非常反感现在有一种中国教育方式，让孩子刻意地要“饱含深情”地去朗读课文或者一首诗歌，比如说，小乌鸦来了，它饿了，想吃个东西……你看，就这么一个故事，我们的许多孩子表演起来，都夸张得不得了。朗读中感情的流露重不重要？当然重要。但是，如果你一开始就预先设定了感情，并且还要求放大，其实，你就是在撒谎。我听屠岸先生跟一些英国演员念莎士比亚的诗，都没有像这么夸张。

所以，我觉得要用诗歌和戏剧台词本身的魅力，来激发出朗诵者的感情，而不是用朗诵者所谓的激情，来漫灌、淹死这首诗或者这句台词本来的意思。平和的表达，节制的表达，很重要。这一点，《哈姆雷特》有一段戏中戏，丹麦王子专门谈到了演员的修养，他说你要清晰地把每一个词在你的口中得以呈现，但是请你要节制。

再重复一下我们今天的问题吧——汤显祖和莎士比亚，你更愿意成为哪一个？

（2016年4月22日，深圳书展演讲）

你的热情还能坚持多久？

我曾经自负地认为，自己是一个特别优秀的新闻主持人，但走到今天——46 岁了，我突然发现，我不懂的东西竟然还有那么多！这一下子，我就被自己这种对无知的恐惧，从虚幻的狂妄瞬间打回了原形！

互联网，颠覆了一切人的优越感！

其实，每个年轻人进入一个组织、一个机构的时候，都会豪情万丈，觉得真是有许多机会。但是，做着做着，你就变了。我们把这个过程称为“四为青年成长史”——

一开始，觉得“大有作为”，

慢慢地，发现“难有作为”，

再往后，深感“无所作为”，

最后呢，索性“胡作非为”。

应该承认，你们目前正在从事一项备受全社会尊重的职业，它可能挣的钱不一定多，但确实是受人尊重的。因为，人类活在这个世界上，获得信息是他的一项基本权利，或者说，能够呈现出权力优势的资源之一，就是信息。信息既是一种权利（right），也是一种权力（power）。所以，凡是在信息部门工作的人，可能天然就比其他部门工作的人，多了更多的了解并接触世界的机会，大概也比其他部门，有更多机会升官发财，赢得各种各样的权势。

我们拿商业做个比方，大概是最直接的了。你们知道，商业最根本的资源是什么吗？说一千、道一万，商业最根本的要义，就是在打“信息差”。

比如，你所掌握的这个商品，它的上游和下游产业链，以及整个市场需求的落差在哪里？如果你掌握的资讯比别人要多，这就是一种信息差。在这种信息差中，就存在巨大的交易盈利机会，你如果能够有独到的发现，并且敢于决断，迅速出手，你就掌握了某种关键资源。在这个资源稀缺的世界中，你就获得了相应的财富主动权，所以，信息差就是商人的一种权力。

再比如政治家。几乎所有可以被称得上是“政治家”的人，之所以能够比你站得更高、看得更远，而你不得不服从他的命令，被他所统治，我们会解释说，这是由于他们拥有权力——power，就是他明知道，你主观上可能并不愿意，但是，对于领导的决定，你依然必须服从。为什么呢？他掌握着暴力？他深知你对他有资源的需求？都对，但还没有深挖到问题的根本。

那是因为，权力者比你们掌握更多的信息。

因为严重的信息不对称，在领导与下级的博弈当中，下级首先是因为信息匮乏而具有强烈的信息自卑感的，那种不确定性、不可预期全是源于统治者的实力底牌，你根本摸不到，你不得不依赖让渡某种权利，来减少受到伤害的可能，并换得赢取利益的机会。

人类早期的专制社会，无论是中国的帝王，还是印度的婆罗门，抑或是欧洲的基督宗教时代，所有的权力者，无一不是企图通过垄断信息，制造神秘感，希望造成自己才是唯一能够和天神对话的方式，来实现自己控制他人的目的。

同样的道理，在一场战争当中，唯有“知己知彼”，方能“百战不殆”。

所以，一个人能够成为领导，并不是完全依赖暴力，他可能比你掌握的信息要多。同样，作为一个传媒人，掌握更多的信息，的确，会让我们油然生起一种自豪感。就是因为信息既是权利，也是权力。

大家知道，公民基本的政治权利就是选举权和被选举权，但很多人却忽略了，保障这种政治权利的前提是什么？那也是四种权利：知情权、表达权、参与权、监督权，这四项权利的实现程度，决定了全体公民的素质和整个社会的文明法治程度。所以，今天的公众为什么愿意发微博、微信？就是不想“被代表”，他们想直接表达自己的想法，甚至希望通过这种表达，能够影响许多事件的进程，譬如李天一案、薛蛮子案，实际上，这就属于公民权利的伸张，不希望自己也会遭受到高官强梁的欺侮。

《纽约时报》的一位叫弗里德曼的专栏作家，专门写了一本书叫《世界是平的》，这本书实际上就是表达一个意思：在信息化时代，当信息落差越来越小，权力平台变得越来越扁平的情况下，人们的权利，也就真正能够实现平等了。

弗里德曼认为，在1800年之前，推进全球化的主要力量，是国家和政府，只要政府手里有枪，他想打哪儿，就可以打哪儿。1800年到2000年，全球化的主要推动力，则是来自企业和跨国资本，因为资本的组织化加速了对信息的垄断，从而推动全球化，这个时候资本就取代了原来国家权力所扮演的角色——就像英国，他“占领印度、打败中国”背后最强大推动力，就是以东印度公司为代表的跨国资本，因为它需要最廉价的原材料产地和最广阔的能帮它卖出毛纺织品和鸦片的市场。而到了2000年，新的信息技术革命之后，推进全球化的主要力量，就变成了互联网和个人，比如说马云和他的淘宝、阿里巴巴，马云没有暴力掠夺吧？他一开始也没有垄断性地掌控任何一种资源吧？但他搭建了一个全世界通用的平台，尽管他在杭州，但这一点不妨碍他成为一个规则的制定者，从而获得大量的收益。

马云挣的是什么钱？说白了，就是信息的钱。这一点上，我认为，我们习惯的许多理论，特别是“剩余价值理论”，在他身上就失灵了。怎么解释呢？请诸位不妨去重读一下马克思的《资本论》，同时，参照一下科斯的“交易成本理论”。

今天这个社会，可能已经不在乎你是否掌握了独家资源，而更在乎你能用一种全新的、制度性的平台和模式，使你比别人有更多的成长机会。就像去年（2013年）11月11日光棍节，网上当日交易总额是171亿元人民币。举这个例子，就是想让大家知道，我们既然从事传媒这个行业，要知道传媒真正的作用就是权利。

因为，民主就是权利社会的产物。没有权利，也就谈不上民主。

现在人们所强调的“信息透明”，消除“信息不对称”，就是因为这些信息与人们密切相关。所有垄断信息的行为，都是变相的不当牟利行为。

我们从事传媒这个行业，看起来是为了谋生，其实，我们的努力，也是为整个人类增加福祉。由于有了现代化的媒体，有了职业的传媒人，人们获取信息的速度就越来越快，一些人越来越难以通过封闭和垄断信息的方式来欺瞒众人。正是古登堡的活字印刷术最终击溃了欧洲封建专制；同样，在中国新闻史上，王韬的《新闻报》、章太炎和梁启超的《苏报》、梁启超的《新民丛报》都成了射向清王朝心脏、终结其统治的排枪子弹中的一颗。

即便是在抢险救灾过程中，信息透明也是非常关键的。我们以前对灾难的态度是什么？这些“不好的信息”，能瞒则瞒。可是你知道吗，把信息隐瞒之后，会给社会带来什么？是恐惧。一切恐惧感都是基于未知，只有不可预期，你才会恐惧。在巨大的恐惧中，人们的行为必然是混乱的、盲目的，对社会有更严重危害的！

我举个例子，2003 年的时候，一开始我们并不知道“非典”是怎么回事，于是，谣言满天，人人自危，你们的父母或者长辈，可能已经在十年前感受了这个过程，但是，你看从 2009 年以来，类似 H1N1、H7N9 等禽流感和各种流行疫情袭来，你害怕过吗？我告诉你一个数据，你可能都不会相信，禽流感在全世界所导致的死亡人数，是 2003 年“非典”所导致死亡人数的 20～30 倍，那么，这一次你为什么不恐惧呢？因为我们国家和世界卫生组织（WHO）达成了一个协议，就是我们遵守全球的疾控信息发布规则，要定期公布死亡以及患病人数名单。在“非典”期间，人们感到极度恐惧的原因，是你根本不知道自己的患病机率有多大，所以，只能往最坏的地方想！包括我现在主持的恋爱节目也是这样，男女之间之所以有各种怀疑、猜测，很大程度上就是因为陌生，双方没有消除信息鸿沟，无法达成信任，信息不均衡嘛！

一切信任，都基于透明。

所以，当年我进入媒体行业的时候，正是《焦点访谈》《东方时空》诞生的时代，我确实有一种自豪，许多人就是把自己看作是当代班固、司马迁，有一种强烈使命感：为天地立心，为生民立命，为天下开太平。

但是，我不得不说，当你们进入传媒行业的时候，世道变了——至少是技术条件发生了巨大的改变，渠道变得无限多了，人们不看电视，不听广播，照样能够获得资讯了，所以我经常说：互联网颠覆了一切人的优越感。其实我这句话还不完全对，有很多以前没有优越感的人，比如草根，他们反而有优越感了——他们可以发出声音了，他们也可以当“公民记者”了，真正优越感消失的是你——传统的媒体人，你变得有些不重要了，甚至，有你没你，都无所谓了！

更重要的是，体制束缚会让你觉得无所适从。第一年，也许你还会觉得受人尊重，有人问你在哪儿工作，你会很骄傲地说电视台。一年以后，你发现自己的日子过得不怎么样：第一，收入没你想象的那么高；第二，工作强度之大，会让你觉得自己像个牲口；第三，单位还是一个堪称“老大难”的事业单位，有各种体制束缚，在这里面，有无数的人际纠纷，你长期被压制，如果不说点违心的话，办点违心的事，就可能永无出头的那一天了。你费尽心力拍成的片子，可能轻易就被领导毙了，或者被粗暴地剪了，你会发现，你起初旺盛的热情，迅速地就被消耗殆尽了……请问，你的热情，还能坚持多久？

我做这行快 20 年了，说心里话，我也曾经多次想放弃这个职业。至少，我现在已经明白一个道理：所有的

“骄傲”都是虚妄的，一切的“热情”都是短暂的，所谓的“坚持”这个词，天然就具有痛苦的含义——因为，你总是希望，通过今天“在痛苦中的坚持”，换来明天的“不痛苦”，这不反而就是在强调工作十分“痛苦”吗？那你放弃你的所谓坚持，不就不痛苦了吗？你不就达到目的了吗？

所以，我不喜欢动辄使用“坚持”这个词，我更喜欢用“信念”——这关乎一个哲学概念“自由意志”。就像你今天找了份工作，一般说来，你是用钱的多少来衡量这份工作的好坏，对不对？我承认：“要挣钱”这个想法没错，因为我们要活着，要过日子，但是，如果你只拿钱来衡量这份工作的价值，那你就大错特错了。

挣钱是手段，达成信念是目的，但你不能把手段当成了目的本身，否则你的工作就了无生趣了！

我用经济学原理来举个例子吧，这是一个如何看待“外部性”和“内部性”关系的故事。

一个老头，他家门口有一个很大的草坪，老头生活在这里，很安静，他也很享受。忽然有一天，这个草坪被邻村的一帮孩子给发现了，于是，他们每天中午都来这里踢球，很吵，导致这老头都没法看书读报和睡午觉了。他不断地出门，想轰孩子们走。结果呢？孩子的心理是，你越轰我，我就越不走，对抗老头成了他们的一种快乐，他一出去，孩子们就跑，可他回到家里一关门，孩子们就又跑回来了。

就这样，折腾了很多次，老头发现，他越是声色俱厉，效果就越差。于是，他就想了一个主意，索性换了一种方式：

这一天，他心平气和地走出去，和孩子们说："爷爷发现，我轰你们走是不对的，其实，你们在这里踢球，欢声笑语的，让我很快乐，我变得更年轻了，所以今天爷爷要特别感谢你们，不但不赶你们走，还要欢迎你们来，你们只要叫嚷声足够大，我就给你们奖励 100 块钱，怎么样？"

这 100 块钱，对这些孩子们来说，那是一份莫名其妙的巨大收获啊——原来踢球还能有钱赚，太好了！于是，第二天，带头的孩子多叫了一倍的人来踢球，他思忖着，老头肯定给的钱会更多。可是，这一次老头却显得不那么满意，他说："孩子们，你们今天虽然人来得多，但是喊得不如前一天卖力，不过，毕竟你们来了，我今天就给你们 50 块钱吧。"孩子们有点失望，不过想了想，有钱总比没钱好，就收了钱散了。第三天，孩子们叫来了更多的伙伴，叫嚷得也更卖力了，老头出来见到他们，说："你们虽然人越来越多，但是，叫得都不够卖力气，滥竽充数的人太多了，但我还是得感谢你们，明天你们得再多叫点人啊，这样吧，今天我只能给你们 10 块钱。"

孩子们不满意了，纷纷叫嚷着嫌钱少。为了报复老头，让他不再觉得自己年轻快乐，他们集体决定，从明天起，换个地方，再也不来这个草坪上踢球了。果不其然，之后他们再也没有来过，这块大草坪又变得安静祥和，老头也重新享受他安宁的生活……

在这个小故事中，社会学家和心理学家可能还会有各自的解释，但经济学家认为，这个老头给孩子们钱，就是一种外部性体现，而孩子们一开始来草坪踢球，纯粹是源于其内部性因素——踢球是一种发自内心的快乐所驱动的，本来根本不能用钱衡量。但由于老头非常聪明，他不断地用外部性的金钱去刺激，结果，却导致这些孩子把踢球这种本源性的快乐给遗忘了，变成了“我来踢球就是因为能挣到钱”，快乐完全被老头给钱的多少绑架了，并且快乐指数伴随着金钱的多少而增减，逐渐降为零。老头最终用这种放大外部性的方式，欲擒故纵，让孩子们再也不来了。

诸位，我们在生活中，难道就没有遇到过这样的情况吗？给你钱多，你就很高兴，给你钱少，你就很沮丧。你为什么要做传媒，难道只是因为钱多吗？

如果你真的只是因为钱，我也要恭喜你！在市场经济的各种博弈中，你也可以成为一名很好的商人，你了解利益，适应商业社会，对自己有一个正确的估值，这并不是什么缺点。但如果你想当一个真正意义上的媒体人、传播人，那我就必须提醒你，如果你一切向钱看，你就很难保持内在的快乐感，内心会随着钱多钱少起伏变化。在没有好奇与快乐作为内在驱动力的前提下，你从事哪一份工作，恐怕都会很快心生厌倦。

两千多年前，孔子对他的学生有一句话："知之者不如好之者，好之者不如乐之者。"

就是说，你知道这件事不如你爱好这件事，你爱好这件事不如你天然就可以从这件事中找到快乐。

我主持恋爱交友节目《百里挑一》已经有好几年了，我在节目中，经常会遇到男生女生抱怨他们的"前任"，说都是因为他（她）而耽误了自己的青春。在这种情况下，我一般会问他们："你既然很早就发现了这个人不适合你，或者说，对你这么不好，那为什么不离开他（她）呢？"这些年轻人最多的回答是："我已经为他（她）付出了那么多时间精力，我们如果散了，我损失不是很大吗？"于是，我又问："及时止损和继续投入，哪个更重要？更重要的是，你已经说了这么多和他（她）在一起的痛苦，难道你就没有感受到一点快乐吗？"

他们几乎都在思考了一会儿后回答："我承认，我也有快乐。"

不要总抱怨是别人耽误了你的人生，其实，这就是你自己选择的人生。

所以，按照存在主义哲学家萨特的说法，当你问别人"我该怎么办"的时候，实际上，你的内心已经做出了选择——而你的全部生活形态，都是你自由选择的总和，怨不得别人。

诸位，你正从事的这一项工作，并没人逼你这样做——这完全就是你自己的选择。

（2013 年，在 SMG 新员工入职大会上的讲话）

合作，还是对抗？

——关于城市的记忆与未来

最后一个上台演讲，其实是蛮有压力的。讨要掌声，是不是一件很可耻的事儿？（众笑，掌声）

这个地方（注：原世博文化中心）我太熟悉了，2010年上海世博会，六年前，我在这里做了很多的采访。我今天所要谈论的话题，依然跟我们世博会的主题有关，叫“城市让生活更美好”。但人进入城市，生活真的就更美好了吗？所以我起了个有点奇怪的标题，叫作“合作，还是对抗？”

六年前，就在我报道世博会的时候，诸位可能遗忘了，当年，还有一个非常重要的新闻事件系列，几乎持续了一年。它发生在一个著名的公司，叫富士康，富士康公司连续出现了员工的十几连跳，不仅是在它深圳的几个工厂，还在河南郑州、山东烟台、山西太原、四川郫县……在很多富士康厂区都出现了员工跳楼。我作为一个记者，当然要对这些事情进行关注，于是我专门采访了富士康。

富士康在不同地方的厂区都有一个共同的特征——人很多。在深圳的龙华和观澜湖的厂区，竟然一共有42万人。42万人在一个巨大的“富士康城市”里面居住。我们总在问，富士康是不是一个黑心工厂啊？是不是它给的工资很低啊？是不是工作强度很大啊？是不是监管很严啊？我跟您说，您可能还真的误解了富士康。富士康其实给很多员工的待遇还不错，它甚至还为员工准备了非常专业的游泳池，可以免费使用的文体中心，数量多而且廉价的食堂，还有很多非常方便的电影院和小卖部，都为了方便员工生活。

但在每一个拥有十几万、几十万人的富士康城里面，大多数都是80后和90后。我认为，人们在这样的城市待的时间长了，他们的关系只有竞争，只有对抗。而评价一个真正符合人际生态的良好城市，有一个词汇叫"age friendly"——年龄友好型。也就是说，一个城市当中应该有老人，有青年人和孩子。当老年人觉得绝望的时候，看到孩子，就看到希望；当青年人感觉到悲观，自己觉得有点崩溃的时候，他看到老人，他会觉得那么多的沧桑，不也度过了嘛。"age friendly"，这是一个重要的社区治理的理念，也是一个城市的重要的经营理念。

我姑姑前两个月去世了，她曾经在社区里是一个非常愉快的、乐于助人的老人，是个愿意管街坊邻里各种闲事的街道积极分子。但是，当我们给她安排在养老院居住，半年以后她遇到我，她的状态和以前完全不一样，她常跟我说："哎呀，骆新啊，人反正都是要死的，我早晚是要死的。"因为跟她同一个楼层的四个老人，已有两个先后去世了，这对她难道不是一种影响吗？

同样，42 万人一起居住的富士康厂区，这里面所有的年轻人，他们想到的更多是“如何超过对手”，这里看不见老人，看不见孩子，他们看到的只有自己的竞争者。竞争者唯一的目的，那就是我要赢过你。谁能说那十几连跳的员工们不存在这种焦虑？或许他们失掉了某种机会，输掉了某一场比赛，甚至被领导给骂了一番，他就觉得他被抛弃和被放弃了？各位，你们知道人的最大痛苦是什么，不是死亡。第一痛苦，愧疚；第二痛苦，被抛弃和被放弃。

所以，我们今天要探讨的城市，也就是我们今天所生活的这样一个物理环境，那是你看得见的城市，当你在一个巨大的厂房里面，或者在一个巨大的高楼面前，你有没有觉得自己很渺小，觉得很不重要？如果一定要让你在纽约跟夏威夷选择一个居住地的话，我相信很多人更愿意选择夏威夷。因为在那里，没有太多高楼大厦，在那里人们会有一种人的尊严感。

在 1961 年，有一位非常著名的美国人，后来加入加拿大国籍的学者，一位名叫简 · 雅各布森的老太太，写了本书叫《美国大城市的死与生》。这本书里，简 · 雅各布森第一次对大城市、包括那种缺乏“age friendly”的城市提出了批评。她认为这样的城市不利于人们的生存。

举个例子，简 · 雅各布森专门到很多城市的 CBD（中央商务区）去看了一下，结果她发现，这些CBD白天人山人海，所有人都在工作，但到了晚上，CBD没人了，成了一座空城。不仅如此，而且很多的服务商，包括中小企业和服务者们，一开始都认为CBD是个机会，所以餐馆、打印店、洗衣房纷纷进驻了，但是都坚持不了多久，这些餐馆、洗衣房和各种小服务商们纷纷都撤出了CBD，为什么？各位你们想过吗？不仅是因为房屋租金价格高，更因为CBD这个地方，人流具有潮汐周期性，大量的人是白天上班，五点钟以后就开始离开了。

你看，这是被称为北京的CBD的大北窑，春节期间，它长期保持十天这样的（空旷）情况。所以大量的中小企业，在这里它只能挣到一笔钱，可能利润很高，比如一顿饭的钱、一次洗衣的钱、一次复印的钱，但到了晚上，没事儿干了。本来，在城里很多小餐馆也许除了做中午一顿饭，如果毗邻居民区的话，它还能提供晚餐、夜宵，甚至还有早点。换句话说，我们用今天的一个房地产商的特殊概念叫“平效”（注：指每平方米的产出），他在CBD的单位服务频次和平效都太低了。

简·雅各布森认为，这就是导致美国很多城市像芝加哥、纽约中心城区最后终于走向虽然地皮昂贵但却缺乏活力的原因。雅各布森还说了一个问题，我们有很多街道、广场，其实这些广场和街道的最佳利用，应该是白天上班的人走这条马路，但是到不上班的时候，可能会有一些年老者来休闲，或者年轻人带着自己的父母、自己的孩子在马路上散步玩耍。但你会发现，我们的城市有很多马路，它的效用只有一个，那就是“上班”——我每天都在这里通勤，只有这一项功能。

当然，一个城市也会有广场，广场往往就是一个城市的重要标志，但很多城市的广场设计都有问题——不符合人的尺度。梁思成先生当年对毛泽东曾经说过一句话，他说：“你要建天安门广场，但是现在设计的广场面积太大了，我认为除了政治聚会功用之外，它几乎没有为我们普通人创造可以在上面进行各种活动的机会，因为它不符合人的尺度。”

莫斯科红场的面积并不大，但它可以接受盛大的阅兵，不过你平常去的话，你会发现红场真小，它没有我们国内任何一个广场气派，但是，它却有“人气”。它旁边还有很多古老的，像瓦西里大教堂这样的伟大建筑，你在这种既优雅，又庄严的建筑物之间走动，会觉得不舒服吗？

还有一点，就是我们今天的城市过分强调机动车通过的功能了。所有快速通道，完全是为了汽车而准备的，行人在哪儿？自行车、电动车、摩托车在哪儿？都没有顾及。而且，关键是我们很多大的通道，把一个城市本来紧密联系的机理给切割断了。

西班牙马德里曾在上海世博会上展示了一个重要的案

例。马德里曾经修了一个环绕老城的高速道路，但是很多人都认为，这个通道阻碍了原来马路两旁居民之间的正常交往，爷爷在这儿住，孙子却在那边住，结果这个环城高速一旦修好，他们沟通的机会就减少了，甚至还导致了家人跟亲戚、朋友之间的感情变得疏远。马德里市政府从善如流，把这个环城公路给修改了，把高架部分拆掉了，让车辆全部从地下走，方便行人交往，重新恢复了整个城市的居民联系。

上海有一条大马路，我认为是一个失败的典型——世纪大道。你从马路这边，过红绿灯走到那一边，你想你得花多长时间？至少一分钟！北京曾经为了方便快速交通，它修了两条横贯城市东西的大通道，一个叫“两广大道”，一个叫“平安大道”。两广大道、平安大道，穿过了历史上北京城重要的商业区——前门、护国寺、鼓楼和北海。但等这两条快速通道修完后，这两条大道两边所有的商家都面临倒闭，没人去买东西了，谁会停车下去买根冰棍儿？人们慢不下来，道路也就失去了“闲逛”和“消费”的价值。所以，一个城市古老的形态，特别是它自然的道路生长形态，对于我们的生活有多么重要！

人类为什么需要城市？

“城”是为了对抗的，“市”是为了合作的。所以“城市”这个词中的两个字，分别包含着两种不一样的含义。早期的城，大多是为了对抗用的，比如说长城、瓮城、北京团城、福建土楼，它可以对抗外部的威胁势力，从而使得早期人类可以躲避灾祸，在里面生存繁衍，所以，早年的城市包含更多的是安全性。

比如说唐代的长安城，它的“坊巷制”是为了最大限度地安排居住，但你要知道，这座城市，其实并不真正适宜人们生活，在古代很长一段时间，城市的主要功能是用来安置王族和皇室，设立行政办事机构的，有王室血统的人在里面住，当然也包括一些比较有地位的平民士族。但是，当时长安城特别规定，人们进出城市是有时间限定的，要有宵禁，只有在两个特别划定的区域中，才能进行交易，这就是长安的东市和西市（注：南北朝诗歌里说“东市买骏马，西市买鞍鞯”，即表明此意），他不允许你在别的地方做交易的，可能怕遭到恐怖袭击，怕影响整个社会的稳定和秩序吧。

这种把人们框定在一定的行动范围内，并且以抵御为主题的城市，到了中国的宋代，则发生了改变。

《清明上河图》就是对当时城市形态的描绘，尽管汴梁城也是有城墙的，但《清明上河图》更多展示的，是城市人流所建构的自然机理。什么是推动城市发展最主要的力量？是人，是市场经济。市场经济使得这个城市更便于人们自由流动和选择，尽管也离不开规划，但你有没有发现，贩夫走卒、各种各样的人，都穿梭在这座城市中，人们之间的沟通距离是不是缩小了很多？

一个城市，形容它好不好的最重要标准，就是能否降低人们的合作成本和沟通成本。你真别小看这个因素，它决定了你对一座城市的直观感受。这个城市如果人与人能离得近，说明它商业发达，甚至，连你的语言和你的行事风格，都是以“近”的方式来表达的。这里是上海（方言），你那儿是广州（方言），这儿是北京（方言），您听着，感觉一样吗？苏州评弹，（唱曲）“窈窕风流杜十娘……”你感受到苏州那种温婉了吗？您再看看北京，咱们再唱个京韵大鼓怎么样？来一段《大西厢》，你听一下当年刘宝全是怎么唱的，（唱曲）“二八的俏佳人来梳妆，崔莺莺得了不大点儿的病”，这个味儿，哪像是崔莺莺啊，整个一北京大妈！但它确实就是一种北京的味道，我今天要说，“这儿”（嘴不用张大）——因为是近的，“那儿”（嘴要张很大）——是远的。你要到山西去，空间距离很远，“俄是山西人”。你要到了这个东北，“这旮旯是沈阳”，他为什么要这么使劲说话？方言的形成，难道跟他的居住环境没有关系吗？人改造环境，同样环境也改造人。

上海开埠以来，其实就是一座没有城墙的城市，它的古城墙，只保留在城隍庙那么一小片区域，也很早就不用了，上海是完全靠市场经济发展起来、而且是几乎没有城墙的城市。通过今天的外滩，上海人各种各样的交往，你会发现，这座城市中，人们的生活行为完全跟商业紧密相关。之所以有人说上海人精明，那是因为这里的自耕农、买卖人多，你所有的选择都由你自己来做主。怎么买、卖什么，都要为自己负责。而北方人，比如说他如果生活在华北平原，这里的土地兼并成本低，大多数人基本上都是佃农，他种什么、卖什么、卖多少钱，他说了根本不算，所以北方一遇灾害，是极容易爆发农民造反和革命的地方，都想着把地主给宰了，把他房子抢了，分浮财。我们说"一个城市很古老"，是在试图说明什么呢？是说明这个城市代表着我们的记忆和时间。

人跟人能够长久合作，不是仅仅因为你本身有多少价值，还因为你用时间做了信用的备注，这就像男女朋友谈恋爱，之所以失恋了就会伤心欲绝，那是因为你有时间成本在里面；你和你孩子关系好，是因为你付出了大量的时间成本；同样，一座好的城市，是因为有历史在为它背书，而且，人们在历史建筑物面前，也会有一种敬畏感，慎终追远，你还狂躁什么？早年间那些呼风唤雨的人，现在不也都没了？所以，人们在这样的环境中，他会产生出一种敬畏之心，人与人之间彼此尊重，消除优越感。

城市的模样，究竟是自发形成的，还是全由人为规划的？我认为两者兼有，关键是两者要有好的平衡。比如古罗马的市中心，你会发现，它好像没有太多的规划，但最重要的规划，恰恰是当年政府创造的，就是这些城市中心区的形态，它像个公共客厅，让人们有机会面对面交流，无论是这些斗兽场，还是公共大浴室。

今天我们都喜欢巴黎，如果居住地在纽约、巴黎中二选一，肯定大多数人还是愿意选择巴黎。但巴黎真不是天然就这样的——1853 年拿破仑三世请来了一个男爵奥斯曼，让他对巴黎做了整体规划。

当年巴黎也是乱七八糟，各种各样的建筑都有，街道狭窄不堪，马车很容易就把路给堵上，奥斯曼男爵发现这样的城市不仅不方便，也不可爱，所以，奥斯曼男爵给巴黎做了个大手术：第一，政府购买土地，才得以把那些不该拆的、值得保护的建筑都保留了下来；第二，改造大马路，沿着城市几条大马路主干道周边开辟出不同规格的小马路，类似毛细血管，但奥斯曼也同时开创了最著名的林荫大道——香榭丽舍大道，以凯旋门为中心，主要道路向外延伸、呈放射状……更重要的是，奥斯曼时代规定，巴黎要有明显的天际线，所有房屋高度不仅有限制，外观也是要进行严格保护的，如果你在这儿住，你就要负责维修，否则，政府有权收回。

各位，今天的巴黎并不是自然形成的，那是靠政府的权力和人民的自觉维护才成今天这个样子的。伦敦也走过同样的道路。西班牙巴塞罗那也正因为有如此众多的古老街区存在，所以才能孕育出毕加索、米罗、高迪等大量的艺术家，你认为历史跟他们没有关系吗？

我今天还必须得说一个人——勒·柯布西耶，搞建筑的都知道他是个伟大的建筑家，但勒·柯布西耶差点犯了一个根本性错误。他曾经参与了《雅典宪章》的制定，而且，他在1925年按《雅典宪章》的方式，希望把所有城市变得“功能化”。比如说哪里是CBD，哪里是居住区，哪里是行政办公区，这些最早都是来自《雅典宪章》的倡导。勒·柯布西耶就是希望通过用这样的方式，让城市更适合汽车行走，一切都为快速道路而服务。

当年，勒·柯布西耶希望把巴黎变成一个便于汽车行走的“快速城市”，让人们都住到高楼大厦里面去，修无数高层建筑，做很多绿化带，一是为了实现城市花园化的目标，二是用来分割功能区，他觉得，这样的城市才是符合汽车和工业时代的城市。

幸亏勒·柯布西耶的这个方案被否决了，否则，你将看不到今天的巴黎。但是，功能化的思路，却影响了我们许多人一辈子对城市的思考，至少是这近100年的思考，我们不断地建设CBD，搭建各种路桥……你们知道沪闵高架路为什么会堵成今天这个样子吗？就是因为上海的行政办公区大多在市中心，闵行区被我们设计为居住之城，人们像潮汐一样地来来回回，有多少时间都花在了赶路通行上面了。

真正好的城市应该是组团式的。我不反对有功能区的划分，但是，我个人认为更重要的是应该把居住、办公、生活、商业……结合在一起，让人们尽可能地减少远距离出行，或者说，以很少的交通和沟通成本就能获得更高的收益。所以道路拥堵，不是靠你强化交警“排堵保畅”和建这么几个庞大的停车楼就可以解决的，而是你建设城市的整体思路出了问题，“病”的不是城市，而是我们这些人本身。

我到伦敦去，发现伦敦有一条小街，非常非常窄小，但人家金融工作者跟我说，最爱每天到这儿喝咖啡，我当时就觉得奇怪，问：“你们到这儿喝什么咖啡？人跟人都挤成这个样子。”他们说：“只有在摩肩接踵的情况下，小道消息才便于传播，而小道消息中，蕴藏着很多商业机会，也许伦敦就是这么成为金融中心的。”（众人笑。）这样的街道，在上海还有吗？肯定有，但它存在一个问题——它的配套设施是不完整的，所以，有古老的小街道，并不见得你的配套也要那么古老，可以更新嘛。《悲惨世界》中，冉阿让当时怎么把那个受伤的小伙子马里奥背出巴黎的？走的就是巴黎的下水道，记住这个直径五六米左右的下水道，那就是奥斯曼在规划巴黎时修建的。

好，咱们再看看我们中国这个城市。我那年去了趟宁夏银川，城市总共也没多少人，却修了可以跑十辆车的十车道大马路，路上没有车。

我又跑了一趟山东德州，它下边一个县级市，我到街上一看，十二车道，领导觉得这有多气派啊，咱们终于可以跟上海和北京比了。我走在路上，半天打不到一辆出租车，在晚上你如果走在马路上，对面看见一个人，你就开始紧张：他是不是要抢我东西？对面那位也很紧张（笑），我上去打听个路，“啊呀”，对方被我吓了一大跳。

这种城市不可爱，充满了对抗的意味，它有一点儿合作意识吗？为什么我们要保存古老的建筑和街衢？它不仅有我们的记忆和感情，还有跟我们的生活密切相连的“方便”。

我不久前刚从美国的宾夕法尼亚大学回来，那是一个拥有200多年历史的学校，这个学校保留着所有宾大建校以来的古老建筑，在这个地方，人们因为能看见历史，才更尊重真理，也才有可能畅想未来。

而且，一个城市天天靠着拆老建筑，靠卖房子起家，您还希望这里能产生什么“工匠精神”？当一个人买了新房子，什么也不干，靠房子的涨价，就远远超过你做一项普通工作所能得到的收益，你认为，这个社会还能产生工匠精神吗？“工匠精神”不是一个浪漫主义的说法，而要靠我们的制度去切实保证的。没有这些老街、老巷，没有历史传承，你哪儿来的“工匠精神”？

我之所以强调要保留城市的历史遗存，是因为，唯如此我们的市民们才能有沟通的机会。

文化和文明的区别，究竟在于什么地方？在英语当中，文化culture，cult这个英语词根是农业收割的意思，而文明则被称为civilization，civil是公民或者市民的意思，从文化走向文明，你是跟农业社会告别，你成为市民了，你要参与公共事务。我以前说过这样一句话：中国人有个特征，特别喜欢关心“家以下、国以上”的事儿，家以下——你家里这个脸盆买来多少钱？这个鸡蛋便宜了多少钱？你算得一清二楚的；国以上——哎呀，政治局常委又换人了，叙利亚又出事啦……但公共空间的意识你有吗？在座各位，你们有几个人参加过业主大会？你知道业委会的组成人员是谁吗？很少有人知道。我们连公共空间都没重视过，您还想成为一个公民？

但这些要依靠什么？肯定有一个方面，是必须要依靠的——环境！

这座城市，要有能让人慢得下来、谈论问题的地方，你发现没有，人吵架一般都有什么特征？富有对抗性的，都站着，而且声音一个比一个大，都是往高处去发展，所以，高楼大厦多的地方，人也特别容易闹情绪、脾气大。咱们举个例子，你要是真遇到家庭矛盾，吵架，做危机处置，我教您一个方式：您不妨让他坐下来。坐下来不管用，您让他席地而坐，如果有可能，您还可以跟他说：坐着吵架多累啊，干脆咱们躺着吵吧？……没人吵了，心平了。所以说，小夫妻俩再怎么吵架，晚上睡一觉可能就没事了，因为躺床上，心真的可以平。你还真别小看这个——一个城市如果能够慢下来，能够坐下来，甚至还能有躺下来的地方，这个城市才会有温暖。今天我们强调

“乡规民约”“村规民约”，强调社区治理，可您连他们赖以存在的空间都连根拔掉了，没有公共空间，人们缺乏交往的场所，关起门来大家都各成一统，您认为没有彼此更多了解或理解的社会，能和谐吗？

西安城有一圈国内保护得最好的明代古城墙。大伙知道这城墙怎么保留下来的吗？说起来也挺荒诞的，50年代，西安原是准备跟北京学习，拆除城墙的，但西北方面的负责领导向中央打报告说：“别拆了，这城墙据说能防原子弹。”结果高层就信了，城墙没拆。可到“文革”期间，有一些年轻的“革命小将”们又要拆这个城墙，为什么又没拆成？“文革”期间西北的各大院校以及工矿企业，当时都在“闹革命”了，但也是因为“闹革命”，许多大型装备借调不出来，就算调出来，恐怕也没人会使用，会使用的人被打倒了。所以，红卫兵们基本都是乌合之众，先是拿把锹，拿个镐子一起刨城墙，众所周知，“文革”是斗人内行，但拆城墙外行，这些人刨了好几天，但这城墙实在太牢固了，只刨下来一点点，其余岿然不动。红卫兵一见，这事儿干不成，一下子就作鸟兽散了。于是，西安城墙又一次得到保留。

幸亏没拆，西安城墙今天成了西安旅游的重要收入来源，几乎每年旅游的20%收入，都是来自西安古城墙以及护城河畔的这些旅游景点收入，这难道不是一笔财富吗？

但三十多年的快速建设中，也有大量的宝贵古老建筑未能得到保存。

最让我气愤的，是这个济南老火车站。当时有一位老演员于洋先生，坐火车到济南出差，坐到半道，别人说："哎，济南到了。"于洋说："没到。"为什么没到？于洋说："我对山东太熟悉了，济南火车站可是1904年由德国人菲舍尔建的，那有一个像戴个大帽子一样的钟楼，特别漂亮，我还没看到钟楼，所以我敢肯定，还没到济南呢。"结果有人告诉他："你还不知道吧？前几年，这个老火车站已经拆了。"于洋先生坐在车厢里，半晌说不出一句话来。

为什么要拆掉这个经典建筑，您知道吗？因为1992年济南铁路的站点要扩张，要扩张的时候，没地儿，无论专家学者怎么反对，都无法阻挡当时济南市和铁道部的几位领导，有个领导说了一句名言，他说："我一看到德国人修的这个绿帽子，我就想起当时希特勒是如何侵略全世界的，我就有屈辱感。"于是，这个曾经是亚洲最大的火车站，就在一个糊涂的决策中被拆毁了，成了今天这副样子。（众人叹息。）

您就别叹气了，幸亏这几位领导没来上海，否则，外滩的那些建筑让你多屈辱啊！（众笑。）当然，也有人会说，老建筑你保护它干嘛？它们跟今天的生活完全不搭调啊。余秋雨就曾经跟我说，他曾经碰见一个在老建筑里生活的人在抱怨："你们老强调保护古老建筑，你不想一想，我们住在什么地方？每天倒马桶，没有自来水，夏天闷热得不行，冬天又没暖气，你们说这些建筑美，你为什么自己不到这里来住住？你一天到晚，靠审美的方式活着，而我们的贫穷和倒霉，不就是因为我们住在这样的老房子里，我巴不得马上把它给拆了。"

这种说法，可是有着相当巨大的市场！但我想说，您的贫穷，跟您这房子没半毛钱关系，如果罪过都在老房子，是不是我们拆了它们，你们就马上能富裕了？毫无逻辑。

老房子经过良好的改造，合理地利用，不仅是财富，而且是高净值的财富。我主持东方卫视的《梦想改造家》，最大的任务，就是要和我们的设计师们共同去改造这些老房子，尽可能在老的外壳下增添新的内容，上下排水能不能改造？卫生间能不能改造？外立面能不能改造？我们每次改造，其实都为人们打造出一种全新的生活环境，人们才发现，这地方既有记忆，又能看到希望。别恨老房子，别恨这些传统建筑，它们不是阻碍你发展的原因。

这些石库门建筑，在今天的上海其实已经越来越少了，我们这座城市变得越来越新，许多朋友来上海，都会夸一句："哎呀，你们上海的楼真高呀！"老上海人的反应总是："哎呀，咱们的上海变化真大呀！"但对这个城市进行了如此的赞美之后，后面就没什么话可说了，因为许多人觉得，这个城市外貌的变化，和自己生活的关系并不大，甚至，因为这种巨大的变化，反倒让我们觉得这座城市陌生、冷漠，甚至只剩下了竞争的残酷……

一座城市，追求的应该是人与人之间的合作精神，而这种精神，是靠这个城市对历史文脉的尊重而获得的，只有在这样一种慎终追远、多元丰富的形态当中，人们才能理性地沟通。而消减理性的力量，第一，来源于威权主义，第二，来源于消费主义。凡是这两种力量猖獗的地方，人与人之间就会充满紧张和对抗，整个社会就会显得极其不和谐。

德国埃利亚斯对文化和文明有三句总结：文化，是让你显得跟别人不一样的地方，文明则是让你显得跟别人一样的地方；文化，是流淌在你的血液中，不用学习，天生就能掌握，并体现在你言行当中的东西，文明，则是需要学习和训练的；文化，一定是面向过去的，而文明，则一定是面向未来的。

希望我们能做到文化和文明的高度统一。谢谢诸位！

（2016年4月27日，在上海梅赛德斯奔驰中心“听道讲坛”的公益演讲）

“后冠军时代”

再过一周左右，第 30 届夏季奥运会将在英国伦敦拉开序幕。

对于刘翔、林丹、王皓等人而言，这可能是他们最后一次以运动员身份参加的奥运会了。“能不能再度夺冠，为自己的竞技生涯画上一个圆满的句号”——似乎是媒体关注他们的理由。但是，当这些人不再是运动场上的明星时，他们将以何种心态面对社会，而社会又如何为每个人的转型发展提供公平竞争、自由流动的机会，却很少被纳入奥运议题的范畴。

7 月中旬的一天，我因为录制《头脑风暴》节目，见到了淡出人们视线很久的奥运冠军胡佳。这位 2004 年雅典奥运会十米跳台跳水的金牌获得者，现在是一家环保科技公司的董事长。与他同台的另一位嘉宾，则是巴塞罗那奥运会的游泳冠军、当年被誉为“五朵金花”之一的庄泳——她现在经营着一家规模颇大的、以 LED 楼宇屏幕为主的广告企业。

其实，我们的编导事先曾联系过十几位退役之后选择经商的奥运冠军，但遗憾的是，成功者寥寥，甚至有好几位都自称“被骗得好惨”。最后也仅有胡佳、庄泳二位答应前来“接受媒体的拷问”。

对于胡佳，我的许多记忆还是停留在当年他“视网膜脱落依然坚持跳水”的英雄传奇中。很多媒体并不清楚，退役之后，胡佳选择了去中国人民大学研读 MBA，后来又作为交换生去了中山大学管理学院。因为与诸多企业管理者同班，在交流中，胡佳认识到环保是一个未来前景颇为看好的行业，于是，他投资创办了一家环保公司，不过，当初公司的规模并不大，胡佳自己必须成为销售代表去开拓市场。

“改变心态太重要了！”胡佳说，“长期封闭的运动训练，令我们脱离社会的时间太长了，知识储备不够，而当你步入一个全新的领域，必须将自己清零。”

大约在七八年前，胡佳通过汪潮涌等企业家，最早领略了 EMC 这个刚刚传入中国的概念。所谓的 EMC（Energy Management Contracting）即是以“合同能源管理”为机制、以节能为主的一种分享式商业模式。

胡佳告诉我，有一次他去一家企业洽谈合作，该企业的负责人对 EMC 茫然无知，要胡佳给他做解释。胡佳说：“我以前很羞于与人交流，幸亏 MBA 课程中，有让我们即兴演讲的训练，譬如给你五分钟，从背讲稿，到脱稿讲，你必须深刻地领会你所要表达的主题、情感和逻辑。”

于是，胡佳给这位企业主讲解了二十多分钟。他讲完了，这位企业主却不置可否地说：“对不起，我要先去开一个重要的会议。”说完，便起身离开。胡佳只好在会客室枯坐干等。近一个小时之后，企业主回来了，他笑着对胡佳说：“今天，你有两件事打动了我——第一，你本来是一个跳水冠军，我知道，节能环保并非你的专业，但你却能在如此短的时间内，让我清晰地了解了 EMC 的概念，包括你所做的市场分析和财务方案，这说明，你真是为此钻研，下了极大功夫；第二，虽然你曾是奥运冠军，但毫无心理上的优越感，你能在我这个平凡企业的会客室里坐等我一个小时，至少说明你是诚恳的、不虚荣，而我们在商业上寻求合作伙伴，就是要找你这样的人。所以，我愿意与你合作！”

古人曰：“由俭入奢易，由奢入俭难。”胡佳虽然还称不上是个“成功的企业家”，但我喜欢胡佳，就是因为他具有这个浮躁社会所缺乏的务实、谦逊和不断学习的心态——这种为人的品质，不仅对于奥运冠军而言是可贵的，对于任何一个处于“转型发展”期的个人、组织和社会，都是可资借鉴的！

李宁、邓亚萍的“发迹史”更容易进入媒体的视线，但这并不代表所有的运动员退役之后都能有李、邓般的光鲜。虽然“举国体制”造就出了大批的冠军，但“后冠军时代”才是体育精神是否得以延续的证明。

多说一句——对于上海来讲，姚明虽然退役了，但他与他的“姚之队”依然会在很长时间内，影响着上海青年的文化价值取向。我一向认为，打造上海文化品牌，需要体育这个“抓手”，就像当年的“申花”足球曾激起了无数人对这座城市的认同，今天姚明、刘翔就是上海活力的写照，从这个意义上讲，“后冠军时代”之路，不应该描述为简单的个人奋斗史，它还须依靠政府、社会的推广和建设，将这种“稀缺资源”转变为一种可持续发展的城市公共文化。对此我们需要智慧，更需要行动！

（本文写作于2012年伦敦奥运会前夕）

立法也需“黄灯区”

这些天，中国北方大面积雾霾，大概公安部的领导们可以大大地松一口气了——幸亏老天爷放了这堆“烟幕弹”，转移了公众的视线，否则，谁也不知道那盏“黄灯”要让他们尴尬多久！

我从小就记得“红灯停，绿灯行”，“文化大革命”时期，“红灯停，绿灯行”的规则几乎遭到颠覆：遇到红色不前进，不是封资修，就是反革命！那时人们一度被强行地灌输“红灯行，绿灯停”的概念——这在贝尔托鲁奇拍摄的《末代皇帝》中已有所呈现了。但不管这个规矩怎么变，黄灯顶多就是个“打酱油”的，很难让人产生什么敬畏。

然而时光转进2013年，黄灯开始真正“发威”了——权威部门要求：车辆在黄灯的时候立即停下。不管车速多快，车辆有多接近停车线，都必须、立即、马上——停车！闯黄灯者一律按闯红灯算，罚款扣分相当严厉。

“闯黄灯受罚”无疑成为了今年交规改革最显著的变化。

很显然，大部分司机不愿意为闯黄灯而突然接受如此严厉的惩罚，他们也不希望就这样妥协了。于是，在互联网这样一个特殊的舆论场，大量的描述刹车系统如何滞后，以及车辆追尾的经历瞬间潮水般涌现，不少网友调侃制定交规的官员无视牛顿的惯性定律，指出这个交规与上位法的《中华人民共和国道路交通安全法》相抵触，并威胁称在这样粗暴的交规引导下，中国的道路将变得更加危险……

让很多人没有想到的是，仅仅十天之后，官方就以非同寻常的反应速度妥协了，表示鉴于民意，对闯黄灯的惩罚暂不实施，以教育为主。公安部门的公告中，还感谢广大群众把他们的意见表达出来，有利于自身的工作改进。

行政执法部门根据具体情况，有权对法规执行做出调整，公安部门设立“闯黄灯受罚”的条款，也绝非异想天开——据统计，2011 年全国道路交通导致的死亡创纪录地高达 62 000 例。大量的路口伤亡，很多都与司机抢灯强行有关——譬如越是遇到黄灯，就越是加速通过。

其实，称“闯黄灯受罚”这一条完全是长官意志、管理者拍脑门想出来的说法是毫无根据的。据我所知，早在该“新交规”出台前的 2012 年 9—10 月份，公安部门就曾与全国一些高校、研究机构的专家在上海、北京等地开过相关的论证会，会上对此条的修正，各方意见也不统一，甚至发生过激烈的争论，但不知为何，最终这个新规定还是贸然出台了。

交通路口之所以设置“黄灯”，其作用就是预报、提示、警告，是一个令人开始思考并准备行动的缓冲区，而在立法方面，我们无疑也需要一个代表程序正义的“黄灯”，但遗憾的是，这个“黄灯”却总是付之阙如——究竟是部门里开个闭门会议，就算走过程序了呢？还是应该由人大代表、政协委员讨论一下呢？抑或是彻底公之于众、征求意见呢？

我本人2008年刚当上海市政协委员时，就遇到过所在直辖市公安交管部门一次新规出台，按照程序要征求代表、委员意见，令人尴尬的是：我们收到材料时，离新规定出台仅有一天了，这让我们怎么提意见？我们提的意见，会改变规定面世的时间吗？

沟通的愿望，远比沟通本身更重要。立法、执法与公众欲达成共识的前提，是信息充分的交流，否则也就是“走走程序”、自欺欺人而已！而行政法规的朝令夕改，本身就是对立法者无情的嘲讽，也伤害了法制的权威性。

这次“闯黄灯受罚”立法所遭遇的尴尬，让我顿时想起了10年前——2003年10月28日全国人大常委会通过、2004年5月1日实施的那部《道路交通安全法》。

其实，制定这部《道路交通安全法》的大背景，实际上是源于1999年沈阳出台的《沈阳市行人与机动车道路交通事故处理办法》这部地方性法规，它明确地提出在几种情况下发生交通事故，要由行人承担全部责任，于是，公众便将其简单地概括为“撞了白撞”，问题是，深圳、郑州、上海、重庆、海口……许多城市都纷纷出台类似规定，霎时间，舆论哗然，认为这完全是违背民法基本原则，置人生命于不顾的绝对“恶法”。

如果真是弃现代文明中“社会成员应分担损害”的公平原则于不顾，粗暴地追求“撞了白撞”，这肯定是与《民法通则》的精神严重背离的，理应受到全社会的批评。但是，单纯强调行人是“弱势群体”，无限放大道德正义感，企图以“杀富济贫”的方式来修正所谓的“撞了白撞”，新《道路交通安全法》就从一个极端滑向另一个极端——特别是其中的第 76 条，导致机动车司机完全处于被动地位，无论“有错没错，归根结底都是你的错”。

这一部造成公众认知分裂、意见严重对立的新《道路交通安全法》，当年，就被北京市法制办的“歪嘴和尚”，以实施新交规的《征求意见稿》演绎上升为一个“新高度”——“行人违章，机动车承担全部赔偿责任”，这句话再度引起人们广泛的愤怒：凭什么叫守法者赔得倾家荡产？这个规定究竟是保护行人，还是误导行人“拿生命不当回事”？谁来尊重司机和乘客的生命权？……

从所谓的“撞了白撞”“撞了不赔”，一下子就发展到“撞了全赔”，《道路交通安全法》出台之后，不仅使得交通争议不断，甚至还培育了一大批靠“碰瓷”和诈骗为生的人，浪费了大量的行政和司法资源，也并未从根本上缓解、减少多少交通违法行为。

到了 2007 年，全国人大常委会才终于决定修改《道路交通安全法》。这一次，又让其理念退回到了“以责论赔”的原点。实际上，2000 年上海市颁布的《关于本市交通事故严格依法定责、以责论处的通告》，标题中就已经把这个原则说得很明白了，但我实在是搞不清楚，为什么国家的最高立法者，却是如此忽左忽右、大幅度摇摆，用了这么多年时间，走了一条“以责论赔—撞了白撞—撞了全赔—以责论赔”的轮回之路，难怪有人说，这真是跟全国人民开了一个大玩笑！

当然，在立法问题上，由于认知的局限，并不见得哪个国家和民族就一定比其他人有先见之明。当年美国的“禁酒令”也遭遇了类似的反复，甚至，还成了美国《宪法修正案》中唯一被“反修正”的典型，但是，我们国家的立法，却因为受到太多的行政力量干扰，反复更频繁，所造成的思维混乱、成本浪费更严重！

我还要特别提醒的是：许多在网上开口闭口大讲“法律精神”的家伙，可能本身在日常交通中恰恰是最不守规矩的人！如果这些经不起质疑的法规一而再，再而三地出现，无疑更会助长他们蔑视法律的勇气！

在《经济学人》的一篇文章中，西方的观察家这样评价“黄灯事件”：“这种妥协具有突破性意义，在定规则的人与被执行规则的人的交锋中，民众的力量首次占了上风。但这是否真正标志着百姓和权力机构的力量发生重大转变了呢？也许在非政治事件（non-political issue）中，我们会看到越来越多类似的案例。而在敏感事件（sensitive issue）中，刹车还是会被牢牢踩住！”

（本文写于2013年1月17日）

白日做梦又何妨?

在一个急功近利的时代，休息，无疑是奢侈的，或者说是可耻的。

我们已经习惯性地向他人表明——我很忙。如果不忙，说明你“没什么事可做”，也就证明，你的社会价值实在小得可怜……所以，为了赢得他人的尊重，努力地让自己呈现出一副“疲于奔命”的样子，那是必需的。

很多年前，BP机刚开始流行的时候，我一个同学花钱买了一个，但是，这玩意儿挂在腰上久了，却没人呼叫，还要按月交租费，这弄得他有些焦虑。有一天，我们几个人凑在一起打牌，忽然，他偷偷摸摸地把我叫到一边，小声说：“哥们儿，我给你两角钱，你出去帮我打俩公用电话，呼叫两次这个号码。”我问他：“你为什么不自己去打？”他面红耳赤地憋了好一阵子，才说：“这个号码……就是我自己的！”我惊愕道：“你有病吧？哪儿有自己呼叫自己的？”他呵呵一笑，更压低了嗓音，说：“我在他们眼里，要显得很忙！”

这一幕，直到今天依然在我的眼前浮现，但驽钝如我，那时是真的“不解风情”：显得很忙，真的有那么重要吗？

现在我才清楚，“忙”意味着“被人需要”，那是人的社会性的重要体现。

白天的忙碌，毕竟会过去的，但夜幕降临之后，这种忙碌不仅没能消减，反而加剧了。只不过场景发生了改变：我们忙着应酬，忙着家务，还忙着发微博、微信。就算是睡着了，大脑也没闲着，忙着做梦——在梦里延续着白天未尽的各种伟大事业！

弗洛伊德通过对梦境的分析，建立了人格的三个基本结构：本我、自我和超我。即便在梦境中，动物性的“本我”也时常被社会性的“超我”掩饰与调节，多梦的睡眠，让休息也同样变得“忙碌不堪”，于是，各种怨天尤人之下的焦虑症、强迫症、睡眠障碍，乃至抑郁症……都应运而生。

我们病了，而且病得不轻！

据心理学家讲：常年保持劳作的农民，患抑郁症的比例倒是最低的。因为通过田间地头的劳动，他们每天都可以看到自己的成果，所谓“相见无杂言，但道桑麻长”。无论耕作的收获如何，它的直观和有效性，都符合“自我需要肯定”的满足感。同时，这种“劳动的快乐”也消除了本我的紧张状态，是让人放轻松的关键。而在城市的生活中，我们很难直接见证自己的劳动成果，自我价值的体现，或许只能来源于他人——亲人、朋友、长辈、领导对你的评价和肯定，直接决定了你“个人价值”的高或低、有和无，所以，此恨绵绵无绝期。

古人有一句话：玩物丧志。

小的时候，我对此话，深以为然——人生可不能浪费，就像“龟兔赛跑”，兔子睡的那一觉，简直是大逆不道！我们不断地强调坚持，想坚持让自己的生活变得有意义，但是，这个意义究竟是什么？我们却可能根本没搞清楚，反正，就是必须有意义。

等我研究了中国的科举历史之后，我才恍然大悟，“玩物丧志”这句话之所以广为流传，乃是因自古以来，那个“志”，是被皇权体制所规范过的，那是一个人狭隘的、唯一的发展方向——通过考试来入仕。如果你不能趋向于这个标准化的“志”，那么，你那些富有情趣的“玩”，就显得毫无意义，完全属于虚度年华！

我很奇怪，如果对权力、金钱的攫取成了判断一个人成功与否的唯一标准，那么，对于绝大多数人来说，获得个人成就感的机率就肯定很低了！因为，那是一个金字塔式的竞争结构，能够爬到顶峰的，永远都只是一小部分人，与他们“成功”的这种小概率相比，大多数人一定会大概率地成为失败者，那么，是不是我们所做的一切也都失去了意义？何来职业自豪感，更遑论职业道德！

对名、位、权的全面攀比，可谓是一场残酷的军备竞赛，令社会充满各种歧视，人与人的关系，也天然变得紧张和脆弱。面对有限资源的竞争和掠夺，让现代人更推崇“丛林法则”——特别是，在城市的这一大片钢筋水泥丛林里，“自由意志”恰恰是最不值得被谈论的话题。人们在不断地炫耀金钱、权力方面的先天性资源优势的时候，不仅抑制了生命本应拥有的丰富多样性，而且也使得“富者愈富、穷者愈穷”成为一种必然。

难怪陶渊明在《归去来兮辞》中长叹一声“既自以心为形役，奚惆怅而独悲”！

我们总在强调“工匠精神”，可实际上，工匠是被迫的劳动，而精神则必须追求独立和自由，就算是把工匠精神理解为一种职业道德，道德也更多来自自律，而不是他律，如果在一个社会中，劳动者无法确立自身的“主体性”，也根本谈不上有丝毫的“自由意志”，于是，这里只会盛产被劳动严重异化的“工匠”，哪里会有什么“工匠精神”？

最近，我正好在制作一部反映国内技术工人杰出贡献的专题片，提到当年汽车制造行业的老工人，在一穷二白的情况下，不惜一切代价，纯粹用钣金工和钳工的手艺，生生敲打出一部某某牌高级轿车，实现了“中国汽车制造零的突破”的时候，听故事的很多人，都感动得流下眼泪。

我当然也十分佩服工人师傅的精神！但转念一想，我又生出了深深的忧虑——就是缘于“不惜一切代价”这几个字。我相信，如果把生命简单地固定在一个目标上，或许我们每一个人都会不辱使命、攻坚克难，而问题是，“不惜一切代价”本身，也许就是最大的代价。试问，那辆汽车能够量产吗？因为那辆汽车的诞生，中国人从此就开始了属于自己的汽车生活了吗？关键是，那位创造了如此奇迹的工人师傅，为此而改善生活了吗？……历史证明，什么都没有改变。

那我们又有什么理由为这种“零的突破”而欢呼呢？

人，是一种多目标的动物，在创造物质生活的同时，他（她）还需要精神生活；在紧张工作之余，他（她）还需要休闲、发呆；在为人服务的时候，他（她）也需要让自己的日子过得不那么艰难！——社会总在呼唤“好人”，可要知道，好人，是需要更高成本去维护的。

当我们已经不再会为单纯的付出过程而感到喜悦，只是反复强调行为的结果和价值的重要性，那么所有的文学、艺术、哲学、宗教……最终，都会沦为各种市场交易的陪衬，这也就是为什么基础科学研究或纯粹思想性创造在中国一直不被重视的原因。

简而言之，精神就是做梦，就是做白日梦！但我们实在是太现实了！现实到连做“白日梦”的权利都丧失殆尽！

按照弗洛伊德的解释，本我是一切驱动力的来源，但它也拥有趋利避害、趋乐避苦的本能，当生活目标被扭曲为一种“反生活”，本我的能量，就无法通过“自我成就感”而释放，它对人格的影响，也开始趋于负面，就像许多人，一边抨击着那些“醉生梦死”“橡皮人”，一边也积极地为所谓“成功学”担任着推手。

没错，通过实现梦想来体现价值，确实是每个人的正常诉求，但当这个过程，失去了相对的公正公平，“自我价值”几乎要靠剥夺他人的权利和自由来实现，那么，人性的疯狂，将会比疯狂的梦境更诡异。

我一贯认为，梦境和现实，应该是存在边界的，一旦这个边界被打破，那么现实版的《盗梦空间》就会反复上演。

如果有人再问你：“你们幸福吗？”我希望，这个答案不至于成为：“就连做梦，我都很不幸福。”

（本文写于2012年11月，原标题为《梦想与现实》）

讲故事的人

——现场聆听莫言发表获奖感言的感言

当莫言讲完他的故事后，全场起立，掌声长达 5 分钟。这是对莫言故事的肃然起敬，更是对中国乡土文化的震撼和景仰。中国的农村从来都是写作最好的土壤，那里的人保留着人性最质朴的一面，用他们的所见所闻，讲述着属于中国的故事。

从莫言的讲述中，可以看出母亲对他的影响是非常大的。母亲虽然不识字，但是教会莫言很多道理。比如卖白菜会因为多算别人钱而感到愧疚；因为捡麦穗而受人欺负，但多年后竟能心平气和说出“这个老人与当年打我的不是同一个人”这样宽容的话。过年了，母亲毫不吝惜将家里一年只吃一顿的饺子送给乞讨者吃。母亲还给了他作为一个男子汉的自尊心，告诉他只要心存善良，丑也能变美。这些都潜移默化地影响着莫言的成长，教会他做一个善良的，有正义感的人。良心是一个好的作家必备的素质。有了良心，一切创作才是对社会有意义的，才是负责任的作家。这也是后来莫言能说出“当哭成为一种表演的时候，更应该允许有的人不哭”这样的话的源泉。

除了母亲之外，田间地头给了莫言无限的创作想象空间。莫言之所以被称作是魔幻的现实主义作家，就是因为他认为一只鸟、一棵树都是有生命的。于是他对鸟歌唱，对树诉说心声，内心的孤独会让一个人变成诗人或小说家。莫言说他是一个有神论者，相信万物都有灵性。这也许是受两百多年前，他的故乡诞生的专讲鬼故事的天才——蒲松龄的影响。狐仙、动物、鬼魂成为他故事的主角。这些超脱世俗的故事看似荒诞，其实却是一个孤独的灵魂和浩瀚天宇的对话。在人都说着鬼话的时代，也许真正的鬼或者人以外的生灵，才是我们不用去防备，可以倾诉的。

当然，家境的窘困和无书可读，迫使莫言像沈从文那样过早开始阅读社会人生这本大书。这也使莫言的作品更为成熟和深刻。莫言从小养成“用耳朵阅读”的习惯，聆听了前辈和说书人的故事，并会把听到的故事复述给家里人听。可以说他从小就是一个“讲故事的人”，虽然讲故事通常会和贫嘴联系起来，给人不好的印象，也曾引起母亲的担心，但是只要是怀揣着一颗良心，讲真实的故事，布施智慧和道理，这样的讲故事就应该推崇。何况那些故事都是与当地的自然环境、家族历史紧密联系的，带有强烈的现实主义，最后这些就变成了莫言这个迷恋听故事的孩子笔下的素材了。莫言坦言，一直以来，都以自己的方式，讲着自己的故事，并且是对自己讲。他甚至不需要听众，也许他的听众只有母亲和最亲密的人，渐渐地，这些人，也成为他故事中的一部分。可以说莫言写的都是身边事，但又结合了充分的想象力，充满了魔幻色彩。比如在《生死疲劳》中，那个人物的原型竟然简单到只是邻村的一个农民，一辆吱吱作响的木轮车，一头跛腿毛驴，牵驴的小脚妻子。这四样东西的奇怪组合，让莫言联想到人的命运、人的局限和人的宽容。但是直到他看到“六道轮回”的壁画时，他才真正找到表现这种人类情感的正确方式。

莫言说，笔写出来的话永不磨灭。古往今来，总有人不知疲倦用笔记录下世事变迁，沧海桑田。这些文字变成后来人重审过去，反思现实的一面镜子。这个时代还是有人坚持讲自己的故事，但是听的人却越来越没有耐心。写到这里，我眼前突然浮现出高密集市上衣衫褴褛的说书人，感谢他启蒙了一位因讲故事而获得诺贝尔奖的农村孩子。

历史的细节

——一个媒体人眼中的“淞沪抗战”

十年之前，我们还经常会听到这样的声音：为什么要宣传淞沪会战？那是国民党打的仗，跟共产党有什么关系？十年之后，要感谢这个社会变得开明了，我们可以正面地看待淞沪战役，拿到关于这场战争大量的细节资料，也能给予这场抗战史上大规模的战役以高度评价，这就是进步！

此前，值上海复旦大学余子道先生等人领衔主编的《淞沪抗战史料丛书》出版之际，《解放日报》为此发表了一篇报道，但它的标题把我给看傻了。题为：“淞沪抗战历史尘封78年首见天日”。

淞沪抗战已经过去七十八年了，怎么会“尘封”呢？如何才算“首见”？

后来我才弄明白——这记者平日写稿子习惯了，他想表达的，不外乎是我们现在能征集到的资料，都已经征集穷尽了，原先散落于民间的资料，今天，终于得以统一出版。

但“尘封”这类说法，很容易让人产生歧义——难道谁在刻意隐瞒什么吗？所以，我认为这种用词是不大妥当的。特别是翻译成英文，或者被海峡对岸的同胞看到！

在座各位都长年生活在虹口一带，有谁能告诉我，虹口在淞沪抗战的历史上扮演了什么角色？有哪些建筑遗存是与淞沪抗战有关的？

大多数人只记得：四行仓库。

有没有人记得四川北路 2121 号原来“日本海军陆战队司令部”那幢类似四角城堡的楼？它现在外面一部分被用作商用，里面好像是武警部队的基地。汇山码头还在吗？虹镇还在吗？——您要知道，上海的这条虹镇老街，在历史上特别重要，淞沪抗战之后，日军大批进入上海的日租界和华界，第一个“维持会”就是在这里成立的。还有公平纱厂、虬江路……今天还在吧？

我之所以把这次讲座的地点定在虹口，并把日期锁定在 8 月 13 日，就是因为，这里的每一寸土地，都和淞沪抗战的血雨腥风有着十分密切的关系——至少有十几万人麇集这个地方厮杀过，而国军最精锐的 88 师、87 师，就曾在这里死拼，而且伤亡惨重。

我们总说“记住历史”，光喊口号，能记住什么？我们看抗战电影时，也曾被感动得热泪盈眶，但等出了电影院，被室外的阳光一照，可能全忘了！

七七事变以后，国共联手准备抗日，蒋介石在江西庐山发表讲话，明确提出要全面抗战！我找到了“八一三”当天蒋介石写的日记，他说：

对倭作战，应以战术补武器之不足，以战略弥武器之缺点，使敌处处陷于被动地位。

当时，淞沪抗战已经开打了，蒋介石为什么这么讲？因为，以他能够掌握的情况，他知道，这场战役，中国基本是打不赢的。传统教科书上说“蒋介石不抗日”，我们要客观地看待历史，蒋介石并不是不抗日，只是他认为不宜轻言抗日，他在1930年后，也做了一些国家建设，那时候我们的国家实力，特别是军事实力，确实还不足以和日本抗衡。

“九一八”东北事变以后，东北军撤出东北，让出了大片土地给日本，蒋介石曾对张学良说“我们就算打不过，但保持这种对峙的状态还是很重要的”。

现在，通过美国胡佛图书馆收藏的《蒋介石日记》、唐德刚对张学良的采访等资料，我们知道，蒋介石当时并没有命令张学良“不抵抗”，但对于东北的沦陷，蒋介石后来也并没有追究张学良的责任，为什么蒋介石在东北问题上“让”了这一步呢？你以为这是蒋介石糊涂，纵容自己的“义弟”张学良吗？还真不是，您需要了解一下，东北在蒋介石乃至整个国民政府的眼里，究竟是个什么样的地位。

满族入关之后，东北就成了“龙兴之地”，皇室和八旗走出来的地方，是不允许汉人在那里开发的，所以，为什么东北的黑土地那么肥沃，森林那么茂盛？就因为那里长年是一块“封禁之地”，不许耕种渔猎，有旗籍的犯人才会被流放到诸如宁古塔这样的边陲，可见那里的荒凉程度，难怪20世纪60年代，知识青年“上山下乡”时把吉林、黑龙江一带的松嫩平原称为“北大荒”。

然而清中后期，由于连年的灾荒战乱，大量的汉族人越过山海关涌入东北，开荒求生。山海关有士兵守卫，关防严密，逃难者离乡背井，前途渺茫，所以才有了“闯关东”这么个词。

当年，溥仪被冯玉祥的部下鹿锺麟赶出紫禁城，寓居到天津，日本人看到机会来了，就对他说，你是民国眼里的“鞑虏”，到处遭到驱赶，干脆我们帮助你在老家成立一个大“满洲国”，扶植你重新做皇帝。溥仪一听很高兴，就去了，当然也得到一些遗老的拥戴。

1928年，张学良在易帜前被称为“匪”，东北易帜之后，全国统一了。但是，随着伪满洲国的出现，特别是1931年九一八事变后，东北再次出现“主权危机”，日本不断声称，“满洲”是独立于中国版图之外的另外一个国家。

当然，如果再深入探讨，您还会看到，民国政府与张作霖父子、日本、伪满洲国和苏联，都在东北的利益博弈中，发挥着各自的力量，而这些缠斗，也都源于深刻的政治和历史原因，最终也造成当时的中央政府和蒋介石，在东北问题上的迟疑不决、首鼠两端。

东北被日本关东军强占时，中国已经开始从德国购买军械，来装备“德械师”——蒋介石本来准备用十年的时间，装备更多德械师，但可惜的是，老天爷没给够他时间。

失去了东北之后，华北一下子变成了开放的状态。日本的本意，就是想一点一点地把中国给蚕食掉，从明治维新开始的“大陆经略政策”到“满蒙生命线”都不难看出。日本没什么资源，它就是靠这种强烈的扩张意愿——七七事变就是个典型例子，这是强国对弱国的挑衅，我对你进行惩罚式的打击，然后我再撤回原地，弄得你也不敢把我怎么样，但我的实际控制面积变大了。中国则是希望通过软磨硬泡的方式，把日本死死地拖住。

七七事变以后，中日双方签订《塘沽停战协定》，也就是说，停战，双方都退出非军事区。这就是日本常年蚕食中国的一种方式，打一下，然后制定“非军事区”，逼中国军队后撤，因为有日本侨民和商人“需要保护”，日本自己却以此为借口进驻军队。

老上海市民习惯把虹口公共租界一带称为“日租界”，实际上，当年日本仅在天津、汉口、重庆等五个城市，拥有正式的“日租界”，而在上海，根本就没有所谓的租界，只是因为此地日本侨民逐渐聚集，公共租界当局，又把虹口地区非正式地纳入管理范围，这一带才被老百姓俗称为

“日租界”。

日本在虹口设立海军陆战队司令部，就是源于1925年五卅惨案，声称要“保护侨民”，结果，这些日军不但长期驻扎下来，1932年一·二八事变，还从这儿出兵进攻闸北，跟蔡廷锴、蒋光鼐的十九路军激战。停战之后，日本藉由西方社会调停，扩大“非军事区”，中国军队不能驻扎了，但是，当公共租界的工部局让日本交还以前越界占领的这一地段时，日本却拒绝了，你看，知道什么叫得寸进尺了吧？

在七七事变、也就是卢沟桥事变中，29军宋哲元部队是抗日的主力，发生如此严重的冲突之后，南京中央政府马上派部队去支援，并责令宋不许丢掉华北。但是，宋哲元也很奇怪，他对中央军说：我们正在和日本人签订协议，中央军不许越过保定。

宋哲元作为地方军阀的西北军，竟然能阻止中央军驰援，这是为什么？我想，除了要保护自己的地盘之外，宋哲元也担心中央军一到，会和日本发生更大规模冲突，那时候就撑不住了——他对中方的军事实力，是有准确判断的，更别说蒋介石了。蒋介石当然知道日本厉害，所以他才想：我要以空间换时间，以拖延的战术来弥补武器的不足，以战略来弥补武器的缺点。

那为什么对日的战场，总离不开上海呢？1931年日军占领东三省后，1932年上海就爆发了一·二八事变，

1937年卢沟桥事变后一个多月，上海又开始陷入了“八一三”。

这跟当年中国的政治格局有关——江南这一带，是国民政府的主要根据地。蒋介石本人是浙江奉化溪口人，国民政府的首都就在南京；中国虽然军队人数众多，但地方割据严重，东北军、西北军、晋绥军、川军、粤军、湘军、滇军……都是军阀部队，中央调动起来十分困难，江南则是嫡系部队——中央军的大本营；而未来要打仗，由于此地水道纵横，日本很难在这里进行大规模的机械化部队作战。

想象一下，你面前有一张中国地图，此时的东北已经门户大开，日本又开始屯兵华北，一旦开战，中国军队在华北平原不占任何优势——没有像样的空军，没有大规模机械化部队，没有重型装备武器。而相反，拥有以上优势的日本，会从上往下一路打下来，很像历史上的辽、金、蒙古这些游牧民族越过长城，长驱直入中原时的情形。所以，如果在卢沟桥，中日不能进行有效的调停和谈判，硬着头皮打下去，蒋介石担心会输得更快。

当时，中国有两条南北向的铁路，一条是天津到南京浦口的津浦线，另一条是北京到武汉的平汉线，这也是国民政府运送部队和战略物资的两条大动脉。一旦开战，因为京、津都很容易被日本人控制，平汉、津浦铁路马上就会失掉了，日军可不仅是骑着马、开着车打过来了，而是坐着火车直接就到南京了。更糟糕的是，如果两条铁路被打通，上海、武汉这些中国工业重镇就失去了，若南京一旦失守，中国就近乎亡国了。

蒋介石认为，如果战争方向是取“南北向”，这场战争肯定打不赢。为了防止这个结果出现，只能在华北采取“拖延”的政策，他一直在想：有什么方法可以改变日军从北向南的进攻方向呢？

最好的选择，就是把战争引至上海。

与东北、华北不同，日军在上海并没有布置大量军力。上海是租界，是英美利益所在地。

历史学家刘仲敬先生，有一个比较形象的比喻：中国和日本开打，就相当于一个弱学生和一个强学生打架，毫无疑问，弱学生一定被打得满地找牙，但弱学生也能找到保护自己的方法，那就是把强学生引到老师面前，两人再打，老师一定会阻止。

上海居住着很多英美国家的人，有诸多生意利益在这里，即便日本在公共租界一带动粗斗狠，也一定投鼠忌器，不大敢动用高炮、重炮，这样，战事的规模就容易受到限制，也有利于装备明显劣于日方的我方采用拖延战术，慢慢消耗它，耗到英美出手阻止。

另外，战端一开，日本只能从海上增兵，姑且不论登陆战的难度远高于平原作战，就算日军登陆了，江浙沪一带地理上的优势就显露出来了，河网密布，水道纵横，十分不利于机械化部队的快速移动。即便上海失守了，国军也可以一点一点地后退，凭借“一·二八”之后几年内修筑好的，类似马其顿防线的碉堡工事群竭力抵抗。日军要从长江口打到武汉，那可需要经过一个很漫长的阶段，但国民政府却可以趁机把上海的东西，先挪到武汉去，再把武汉的东西，挪到重庆去，为大规模迁徙物资和人员提供充分时间。毕竟，津浦、平汉铁路一旦被日军打通，恐怕就没有机会这么干了。我认为，蒋介石当年就是这么盘算的，所以他才要在上海打一仗。

很多历史的研究，我希望大家先不要去挑剔其“政治立场”正确还是不正确，就像我今天的话，我们只是在探讨一个事实。以前老说淞沪战役是日本挑衅而引起的，这个说法，今天看起来有待商榷，或者可以说，这场仗确实是被日本人逼的，我们不得不打的。因为在 1937 年七七事变之后的几次军事会议，尤其是 7 月 16 日有 150 人参加的庐山军事会议，中共方面的周恩来也参加了，当时，蒋就已经提出“要跟日本干一仗，而且要选择在淞沪一带”，第二天，7 月 17 日，蒋就发表了他那篇著名的《最后关头》的演讲：

如果战端一开，那就地无分南北，人无分老幼，无论何人皆有守土抗战之责，皆应抱定牺牲一切之决心……

我们不妨看一下当年的上海地图，上海租界的发展，是沿着黄浦江西岸的一条线，由原来的吴淞江（苏州河）和黄浦江的交汇处慢慢拓展开来的。最早是英租界、法租界和在这个基础上形成的公共租界，它的外围是后来新开发的租界，包括虹口的“日租界”，日军在公共租界区也有他的地盘。

战争打得比较厉害的，就是东北角靠近吴淞口，西南部分靠近杭州湾的松江、青浦。

1937 年的上海市，并不是今天我们理解的上海市。除租界外的华埠，主要区域在今天的杨浦区、闸北区，也包括一部分虹口区，以及老南市区。今天上海体育学院里面的那幢主楼，就是当时上海市政府办公大楼。现在杨浦区五角场一带，当年可是“大上海建设”计划里的行政中心所在地，这里的路名，国、民、政和府字开头的，是不是有很多？它们合起来就代表“国民政府”。

相比之下，租界就显得安全一些。最早英国人在外滩的建筑，实际上都在英国炮舰的射程范围之内，也就是，英国的利益必须处于其武力保护之下。

前面我说过，今天的四川北路 2121 号，就是日本海军陆战队司令部的旧址，大家不要小看，这里曾使国民党精锐 88 师、87 师、36 师遭受惨痛伤亡代价。当时淞沪抗战的中国军队总指挥张治中将军，对攻打此地，有许多文件记录，好像是直到 8 月 20 日，我军才短暂占领此地，但随着日军攻势加剧，旋即又撤出了。

当时，国军也没有什么大口径的炮，淞沪一战有 24 门炮（32 倍 15 榴重型榴弹炮，德国克虏伯重型榴弹炮厂生产）参战，那可是 150 毫米口径的大口径重炮，是 1934 年订的最先进的大炮，为此还专门成立了一个炮 10 团，其花费是当年购买德国军械（采购德国军械一共花费 3 054 万元）的八成（2 400 多万元）。国民政府也是下了血本，24 门大炮全部投入淞沪战场。一炮打出去，有效打击距离可以到 15 公里（预计射程 20 公里），一颗炮弹 50 公斤，有效杀伤半径有 50 米。当年，至少拉了 3 至 4 门大炮专门轰击这个日本海军陆战队司令部，但日本人在这个楼里面所有的门、窗户，都装上了钢板，一旦遭遇外部炮击，就会自动关闭，很大程度上消减了炮火的伤害，另外，由于训练周期短，这些大炮的许多良好的性能也没能发挥出来，还有一些大炮，由于炮身太长，上海的弄堂成了这些大炮移动的障碍，无法运到最佳位置射击。

再说一下淞沪战役的导火索——“虹桥机场事件”。

为什么是 1937 年 8 月 9 日发生这个事件？因为七七事变之后，“国联”要出面调停中日双方，原定 8 月 9 日中日双方要签订一个协议并当日生效，协议的要求就是：双方不交战，保持和平状态。由于上海当年也是“非军事区”，除了警察力量，双方均不得在此驻军，当时，国民党政府已经从南京调来“保安队”（实际上是正规军第88师的第二补充旅）进驻上海虹桥机场。日本驻上海丰田纱厂海军陆战队中尉大山勇夫率一等水兵斋藤要藏身着戎装，驾驶军用小汽车要闯虹桥机场，遭遇阻拦后拔枪威胁，保安队开枪打死了这两名日本人。日本对此提出抗议，而中方则认为，这是日军在挑衅，双方由此产生分歧。

所以，有历史学者认为，这是蒋介石先出一招，暂时中止了协议签订，否则，签订了协议之后，再发生冲突，中方就处于明显不利的地位。而另一种意见，则坚定地认为这就是日军挑衅，最典型的佐证，就是7月初，日军第三舰队司令官长谷川清中将，建议军部“最好派遣陆军五个师团控制上海和南京”，8月6日，日本领事馆通知侨民退入租界，8月7日，长江上游的日舰全都集中上海……

反正，战争的火药味儿已经越来越浓烈了，8月9日，确实是个节点!

下面是关于这个事件不同的说法：

1. 陆战队第一中队长海军中尉大山勇夫乘坐由一等水兵斋藤要藏驾驶的汽车经过上海公共租界纪念碑路时，遭到大批中国保安队的机枪和步枪射击。

——8月9日的《朝日新闻》

2. 日本海军官兵乘坐汽车来虹桥机场，打算进入场内。机场的卫兵打算阻止，日军方面开始开枪。枪战造成一名保安队员和一名日本人当场死亡，另一名日本人重伤之后死亡。

——8月10日的《大公报》

3. 8月9日发生了守备虹桥机场的中国士兵杀害日本海军士官的不幸事件。如果日本官兵能够当心，事变或许能够避免。但无论如何，事变都是中国一方有意策划的。

——巴黎《古兰·格阿鲁》报特派员埃德阿鲁·耶鲁森

第一个是日本媒体，第二个是中国报纸，第三个是西方记者的观点。

我在这里不做定论，因为我们谁都不是历史真正的见证者，我只在此公布这三个截然不同的描述。究竟怎么回事，您自己可以搜集更多的史料，对此加以判断！

我前面说过蒋介石有他的想法，放在更大的历史背景下考量，我认为是可以理解。淞沪这一仗不打是不行的，是必须要打的，其目的，就是为了阻止日本进一步蚕食中国。

双方军队的小规模冲突，实际上从8月11日就已经陆续开始了。具体战争的进展问题，我们今天就不做详细梳理了——关于“淞沪会战”的历史文献记录太多了，大家可以随便找一本来看。

这场战役是从1937年8月13日打起，一直打到1937年11月9日坚守松江的守军接到撤退令，全部退下来，12日结束。对比一下，“南京保卫战”仅仅打了5天，国民政府的首都就失守了。大家有没有想过，为什么淞沪会战能坚持打三个月，但南京才守了短短5天呢？

抗战之前，日本人曾经问过，如果向中国开战，那么，要多长时间可以灭亡中国？读过这段历史的朋友都知道，他们叫嚣“三个月拿下中国”。

我个人认为，国民政府之所以要硬撑这三个月，不仅是要在最大程度上，挫败日本亡我不死之决心，浇灭其小觑中华之气焰，同时，争取得到国际力量的声援，更重要的是，为全国的战略布局赢得时间。

后来，蒋介石的仗就是顺着这种思路打的——他是把日本人最希望进行的“由北向南”打击中国的路径，藉由淞沪抗战转为了引导敌人“由东向西”打。实际上，如果你看1937年到1938年这两年的战史，就会发现，为什么“血战台儿庄”是那么重要？就是要守住津浦线迟滞日军南下！日军占领北京、河北、河南之后，蒋介石也不惜以挖开黄河花园口的河道，让黄河水顿时淹出一个“黄泛区”，令日军无法继续南下侵略。

当时，日军拥有的火炮数量极大，在这一点上，中国人没有任何优势。而且，日本最大口径的舰炮，就在日舰“出云号”上，直径为203毫米。

李宗仁后来在回忆录中写到，当时中央政府调全国军队驰援上海，他的桂军士兵坐着火车赶到上海，很多人没见过如此现代化的战争，还不知道怎样疏散、隐蔽，还站在那儿看，结果日本人舰上的一颗炮弹就落下来了，瞬间一个连就彻底报销了。

此役，日本一共投了九个师团和两个独立混成旅团，一共投的兵力不下 20 万人。

虽然战争早期是城市巷战居多，但此役中，日本仍有较多的坦克投入。中国军队原有三辆坦克，但很遗憾，由于日舰火炮的威力大，我军三辆坦克全部被损毁。为了防止日军坦克攻入，中国军队还修了各种障碍物。

中国军队死伤的惨烈程度，无法想象。

当时虹口、闸北、租界、宝山基本都是这样的（注：演讲现场，播放英美国家媒体制作的记录战争现场的影片），居民死伤之惨重，毁坏之惨烈，也前所未有。

最早的激烈战斗，就发生在我们看到的汇山码头、公平纱厂一带，这里也是上海重要的港口和工业区。因为租界是英美的地盘，所以，日本人只能从两个方向攻打，一个是宝山、吴淞口，一个就是松江，希望由上海的东北和西南两个方向夹击中国军队。

所以，由松井石根大将率领的日本第 4 师团和第 11 师团所组成的“上海派遣军”渡海来上海参战。他的主攻方向就是这两个地方，宝山打得非常惨烈——罗店战役，就是淞沪会战最惨烈的拉锯战之一。如果找一个世界历史上同样惨烈的战役，我想大概就是“一战”时的凡尔登战役了，历史上称之为“战争绞肉机”，而在罗店，日军称之为“血肉磨坊”!

在罗店，中国军队几乎是冲上去一个就死掉一个，冯玉祥说“平均三个小时就打掉我们一个师”。坚持五个小时，战场上一多半的人都被干掉了。然后双方再组织人马，第二次再打。中国军队此番在上海战场，一共至少投入了 70 多个师，如果再加上后来投入的宋子文的税警总队，总兵力超过 75 万人。

淞沪战役，中央军几乎把所有能够使用的精锐师团全部都投入了。我前面说过，在国力有限的情况下，蒋介石只来得及装备了三个德械师，88 师、87 师和 36 师，这次悉数出动。他们的主战场，也基本上是以虹口为中心展开的。他们分为左翼和右翼，左翼就是防宝山，中间则是租界（上海老城区）周边，南边是守金山，防止日军从金山杭州湾登陆。然而，当时中国驻防金山的张发奎部队，竟然没有金山杭州湾一带准确的军事地图，日本人可能在什么地方登陆，中国人完全没有概念，但是，据说日本的商人（也可能是间谍）早在 20 年前，就向日本军队提供了一份完整的金山卫地图，而日本军队最后就是在我方认为“敌人最不可能登陆”的金山卫登陆了，而且，这次登陆对整个战役是有决定性作用的。

日军在金山卫一登陆，国军意识到情况不妙，北面已然陷入日军合围，南边再守不住，腹背受敌，会被日军“包饺子”一口全吞的，必须赶快撤出。

但是，“后撤”也是要有战术、有本事的。中国军队在淞沪战场有将近70万人，除去死的、伤的（事后统计是30万人左右），中心区域大概还剩余30万人左右，这些人就要往江浙腹地撤，至少要有个战略部署吧？遗憾的是，这件事情我们也没做好。

10月9日发动总撤退令以后，这几十万人不顾序列地撤退，混乱不堪，大家谁先撤、谁后撤甚至都不知道，加上水道密布所造成的行军空间狭窄逼仄，撤退过程中，行军缓慢不说，有被日军飞机扔炸弹炸死的，也有人多被踩踏而死的……等到了南京，就剩20多万人了。这20万败兵，又碰到了毫无指挥能力的指挥官唐生智，他说要带领大家“与首都共存亡”，但是，没有一点周密的准备和计划，怎么打呢？防守南京的组织工作搞得非常混乱，特别是，国军的溃退式大撤退，浪费了非常重要的苏嘉防线，许多碉堡工事一枪未发，就被放弃了，有人问为什么不用起来呢？你如果知道答案，简直会哭笑不得——曾率领撤退的部分将领回忆：“因为找不到打开碉堡门的钥匙，拿钥匙的人也跑了。”

兵败如山倒。要知道，人活一口气，那些在战争中可以舍生忘死的英雄，他的“善”不排除是有一定的情境因素在影响，而为了逃命的撤离，人性中“恶”的那一面很容易被释放出来，有许多败兵甚至一路大肆劫掠，这也给江浙后方的民众造成了巨大损失。

1937年8月14日，中国空军首次大规模抗击日本空军，并取得击落3架、击伤1架日机的战果，这就是著名的“笕桥空战”。就在同一天，上海“大世界”也遭到了轰炸——飞机上扔下来一个重磅炸弹。“大世界”是在租界里面（西藏路和延安路的交叉口），又是人流稠密的场所，所以就这一颗炸弹，所造成的死伤就相当严重，有统计说，死伤不下千人。

这颗炸弹是谁扔的？

我们知道，8月14日是中日空军开战的第一天。那个时候，中国空军只有150架飞机，加上教练机不到300架。当日，在“笕桥空战”拉开帷幕的同时，也有人看到我空军的战机，也飞到了黄浦江上，干嘛呢？就是为了炸“出云号”。

当时的黄浦江上，有日本最大的战舰——“出云号”。这艘战舰是日军第三舰队的旗舰，虽然是1900年日本海军入列使用的装甲巡洋舰，但它的炮火威力很大，203毫米口径的4门主炮，150毫米炮14门，12磅速射炮12门，2.5磅速射炮8门。特别是203毫米大口径炮，给上海的军民造成的损失十分巨大，很多人就死在这个大炮上。

为了炸“出云舰”，孙桐岗率领空军第二大队诺洛普斯式轰炸机21架，从安徽基地起飞。8月14日10点左右抵达上海，但毕竟中国空军的实战机会少，炸弹投掷得不太准，尽管有伤及“出云舰”，但对整个舰船的损毁程度有限。“出云舰”也不可能束手待毙，用舰载的高炮反击，我们有一架飞机，飞到今天的人民广场上空的时候，据说是被打中受伤了，被打了之后怎么办？飞行员想找一个更空旷的地方跳伞，一失误就把炸弹给扔下来了，没想到，正好扔在了“大世界”。

我本人并不认为“想跳伞、却误扔炸弹”这个说法是站得住脚的，但对这事，确实还有一些更离谱的说法——有人说，我空军将士是恨资本家，所以在轰炸日舰的同时，还专门跑到“大世界”投了一颗炸弹……

关于上海的“大世界被炸”事件，我们现在可以看到当时媒体报道的不同版本：

1. 我空军施展激烈空战之际，飞机坠下一百余磅之巨型炸弹两枚，立时爆炸。因之炸弹自动掉落于并非为攻击目标之地点，此为不可避免之意外，不但驾驶员本身毫无落弹之意，且与其本愿相违。（我空军无意为之）

——《昨大世界门前飞机坠弹惨剧》，1937年8月15日《申报》

2. 飞虎将军陈纳德派遣科蒂斯厂的鹰式俯冲轰炸机去进攻日军的巡洋舰，无功回返的时候飞行员想低空飞行、伺机行动，然而这超出了平日训练速度和习惯，以至于没有调整和瞄准准确，致使悲剧发生。（飞行员误伤民众）

——《飞虎将军陈纳德回忆录》

3. 中国飞行员准备袭击停在黄浦江一个码头上的日本战略舰，由于错误地判断了目标，导致悲剧。（飞行员误判目标）

——《蒋介石传》

4. 中日双方空军激战，我军炸弹误落大世界。（激战，误落）

——上海淞沪会战纪念馆淞沪会战大事记

人类有许多事情，时间过得越久，搜集资料可能就越全面，离真相才可能越近。

十多年前，我看到许多文章写到这段，还说是日本军队炸的，台湾地区也有很长时间认为这是日本人炸的。而近期披露的淞沪抗战的材料，描写中日双方空军激战时，已经有越来越多的证明，指向“我军将炸弹误投到大世界”这一事实，这真的很不容易了。战争年代，误伤的情况在所难免，但我真不希望，人们仅仅因为追求“政治正确”，就不承认拿到的新证据，包括“笕桥空战”，高志航等人无疑是民族英雄。我军击落日军3架飞机、击伤1架，而我们1架也没有被击落，这就是那个时代中国空军所创造的奇迹，所以国民政府把8月14日定为空军节。但是当时、包括之后很长一段时间内，媒体描述这段历史，都习惯性地称之为6∶0的空战，也就是说“我军一共击落日机6架”，现在看来，那只是为了鼓舞抗战民众的信心，其实并没那么多。

我们接下来要看看战火中的平民。

当时的上海，遭受过日本军队非常惨烈的轰炸，到处都是断壁残垣、断臂残腿。要知道，1932年和1937年，这两次淞沪对日抗战，给上海造成极大的损失，1932年的“一·二八”，本来想作为上海行政中心的五角场地区，不仅被日本军队炸得稀巴烂，地处交战区宝山路的中国近代最重要的文化机构——商务印书馆总厂及东方图书馆，也被炮弹全部炸毁，被熊熊大火又烧了好几天，当时的上海满城飘着商务印书馆被炸碎的纸屑和灰烬，长达三天之久。1937年的“八一三”，日本把上海炸得就更惨了——特别是华界的闸北、虹口、杨浦，有包括同济在内的半数高校和知名的中学都被炸毁。

最惨的是上海的工厂，由于国民政府的决策失当，战时上海工厂的迁出速度受阻，最终才有150家工厂迁出，占工厂总数的不足 2.5%。结果，未迁出的很多企业，厂房要么被炸毁了，要么就是被日本军队强行给占了。

然后，就是大批涌入租界的难民们。

大量的难民，成就了上海这座城市的主题。所有闯入租界的难民和准备逃离这个战争城市的人一样，没有丝毫的安全感，只想找东西吃。租界当局和教会，都成为救济的主要力量。

您知道，为什么上海有“七十二家房客”之说吗？1937 年这场战役，战前租界有 152 万人，在开战之后迅速上升为 340 万人。那时上海房型，一个叫作石库门，因为太平天国起事以后，有大量的商人为了避难，都跑到上海来，所以，上海租界为他们建立了一种中西合璧的“经济适用房”，这是石库门房子的来历。

新式里弄是上海 1912 年以后，租界大幅度发展而产生。民国之后，上海很多洋行需要雇佣中国人，那他们怎么居住呢？就用新式里弄的方式，来安排居住的问题。

1937 年，一切都变了。一家房子被分隔成无数个单元，七十二家房客可不是解放以后才出现的现象，它就是抗战时期的产物。大量的五湖四海的人士逃难到此，令战争时期上海租界的房价，涨了 1.5 倍到 1.6 倍。

我们也必须承认，任何事情都有正反两个方面。当年大量的人要进入租界，租界当局也要进行更多的市政建设；而且英美尚未对日宣战，上海是所谓“孤岛时期”，鱼龙混杂，由于战争、由于“三不管”的混乱，却成就了文艺创作高速发展的时期，特别是以袁雪芬为代表的越剧的崛起。因为之前上海只有电影院放电影，以及看有武打情节的绍兴戏。战争炸毁了电影厂，却让出了场地让越剧出演，1937 年正是越剧在上海大幅度兴起的时期。顺便说下，上海租界还有一个好处——就是惩罚汉奸的好地方，在租界可以随意打汉奸，曾经打死过四个翻译官。

有言道“败军不言勇”，我举两个例子：

今天我们看日本人的三八大盖，为什么叫三八大盖？因为这是明治 38 年的步枪，1904 年和 1905 年试制生产，1906 年出品，1907 年正式投入战场。明治 38 年的枪，就能够扫遍中国无敌手。

其实，中国也有中正式步枪，中正式步枪和三八大盖的射程基本一样，大概是一里路（500 米左右）。但当时中国大部分的军人是缺枪少弹的，这也是蒋介石为什么迟迟不跟日本人开战的一个原因，因为他心虚，中国当时被派到前线的战士们，每人平均就 15 发子弹，有的甚至一颗子弹都没有。中国大部分使用的是“汉阳造”，它的射程只有 150 米，和 500 米射程的三八大盖相差甚远，这也是中国抗战期间，伤亡如此惨重的原因之一。

原本三八大盖枪机上面，装弹处是没有盖的，但到了东北、华北地区，他们发现风沙很大，而这个地方是很容易积攒灰尘的，所以，特意在上面加了个可以前后滑动的盖，把子弹装置孔给盖上。我们近代没打得过日本，有一个很重要的原因，就是我们在技术层面没有日本人想得这么精细。

说说两国军队的钢盔，这一点日本不如中国。中国用的德式钢盔，而日本钢盔的质量是很差的。日军在外作战的时候，钢盔还要当作锅具使用。日本钢盔的内衬质量也很差，在东北，冬天的气温很低，士兵摘下钢盔的时候，据说有时会掀掉头顶的一层皮。

日本钢盔的作用并不是挡子弹的，是“蹭”子弹，好让子弹打偏。日本的钢盔还有一个问题，就是涂在表层的油漆质量不好，一掉漆它的底色就出来了，在太阳下就闪闪发光。

关于钢盔，比较有意思的一个例子，当属日本陆军少将、101 师团 101 联队联队长饭冢国五郎，此人被称为是日本的战神级人物，在武汉会战的时候，日本记者去采访他，要给他拍照，饭冢借了一个掉了漆的日本钢盔戴上。阵地另一侧的敌人——国军 38 师的一个老兵看到钢盔的反光挺亮，就朝着光亮处开了一枪，正中饭冢国五郎的胸口。说来讽刺，这把让他毙命的枪，正是日本的三八大盖。

说完装备，再说说单兵素质。日本军队战斗力强，跟日本的战术训练是很有关系的。日本的步兵操典中规定，新兵入伍后，每人每月至少要打掉150发子弹，机枪是300发子弹。而在中国，每人只有15发子弹进行训练，到后来只有通过打弹壳放空枪。

今天，许多抗战题材电视剧和电影，拍得实在太离谱，甚至出现大量的“手撕鬼子、裤裆藏雷”的情节，远不如20世纪50年代拍黑白片的那些人认真。

郭振清先生在他主演的电影《平原游击队》中，使用的是两把毛瑟式的驳壳枪，你看剧照会发现，这两把枪是有区别的，一个枪管头上有准心（瞄准器），一个则没有，这可并不是道具出现的纰漏。当时的驳壳枪，也称盒子炮，一把有准心的，是用于远距离的点射，平时放在枪盒子里，是为了防止下雨或外界触碰时，对枪体造成损伤，战时影响作战效果，而另一把没有准心的枪，则是用于遭遇战，近距离的射击，插在腰带靠小腹的位置，以备突发情况。这些准心往往是使用枪的人自己给磨掉的，因为碰到遭遇战，用手这么一拔，就能抽出枪射击，如果枪头上有准心，挂住皮带，抽不出枪，那你可就没命了。

郭振清先生曾对我说，那会儿拍这部电影的许多演员、摄影师，包括搞道具、灯光的，都是参加过战争的老军人，他说，双枪上哪把有准心，哪把没有准心这类小细节，是根据战争生活积累所表现的，绝不是瞎编。

我们想，我们什么时候在讲故事，或拍电影的时候，能够认真点？至少主创人员能够体验一下生活，最大限度地了解历史的真实面貌。如果我们是一个诚实的民族，就绝对不会用一种“暴力审美”的方式，去臆想那场导致几千万人丧生的战争。

战争无疑是残酷的，淞沪战场上的真实伤亡比例：中国军队死 8 个人，日本军队死 1 个人。

我们得向很多英雄致敬。黄梅兴是 264 旅的旅长，抗战以后在淞沪会战中牺牲，年仅 40 岁，是淞沪会战中第一位阵亡的国民党高级将领。而吴克仁是 1937 年 11 月 9 日，在松江为了掩护大部队撤退牺牲的，也是在淞沪战场上牺牲的最高级别的将领，是中将军长。

国军投入了很多的军力，不仅中央军，还包括了几乎所有的地方军——粤军、川军、桂军、湘军……李宗仁对白崇禧说，要把桂系的军队调过来打，白崇禧说，你现在把所有的军力都用光了，以后拿什么来抗蒋？李宗仁很明确地表示，中央军打成了这样，老蒋都把所有的兵力拿来打仗了，我们这个时候还不帮老蒋打日本人，我们还是人吗？

“八百壮士与四行仓库”的故事，很多人都知道——这是淞沪会战最后的一场成规模的战斗。其实，谢晋元的这支部队只有 400 多人左右，按照一个团的建制号称有“八百壮士”而已。他们用拼死的决心，保卫了四行仓库这个防线没有被日军攻破。不过，租界当局也跟日本人说了，四行仓库后面有一个大煤气包，炮弹可不长眼，一旦它被炮火击中，必然发生爆炸，会造成租界重大伤亡，如果出现这类情况，你们得负全部责任！估计日本人在这方面也有所顾虑，所以，在进攻四行仓库时，就没敢用重武器，这也使得谢晋元团能以几十人伤亡的代价，歼灭了 200 多个日军。

“全体壮士早已立下遗嘱，誓与四行最后阵地共存亡，但求死得有意义，但求死得其所！”

这是电影《八百壮士》中，全团受命撤出四行仓库时，谢晋元说的一段话。

但很遗憾，谢晋元最后并不是死在战场上。1941 年 4 月 23 日，他在租界率队出操时，被队伍中的一个叛徒捅死了。

十年前，我有幸采访到谢晋元团最后活着的一个老战士，名叫杨养正。杨养正老人的眼睛当时几乎看不见了，但一提到谢晋元副团长，他就热泪盈眶，就开始大声唱起他们的团歌。但可以想象，这个国民党老兵在抗战之后，一直生活蹉跎。老人住在重庆一个很破旧的房子里，我们当时去采访的季节是 7 月份，天气很热，我们摄制组的工作人员，实在看不下去，就一起凑钱，为老先生安装了一部壁挂式空调，并且还给他留了 2 000 块钱做生活费。后来，我们接杨老先生到上海来参加抗战胜利 60 周年活动，在谢晋元的雕像前，八十多岁的杨养正放声大哭，现场无不动容，这段新闻视频在我们东方卫视播出时，反响很大。

杨老先生在 2010 年去世了。今天，还有很多老兵生活在祖国各地，他们许多人都在极度艰苦的环境下，过着拮据的生活，家里一贫如洗的也不少。

四行仓库保卫战所留下的这 400 多人，撤离到苏州河对岸的公共租界里面，公共租界规定不能有交战的士兵，所以他们全被租界当局缴了械，然后，就一直被困在这个地方，不能有其他动作，也不能离开租界，这时日本已经把除租界之外的上海全部占了，也不可能有中国军队去接应他们归队了。

但尽管如此，这 400 多名士兵，依然在谢晋元的带领下每天出操，这也感动了不少内地坚持抗战的军民。

这种情况一直拖到 1941 年太平洋战争爆发之前。当时上海的汉奸特务还特别多。谢晋元为了让他这 400 多士兵活下去，不断地给租界工部局写信，我看过他的儿子收藏、后来捐给上海档案馆的信函，很多是向租界当局要粮食和煤的。他被汪伪收买的叛徒刺死后，那 400 多个人也没有太好的结果，日军攻陷了上海，在租界的这 400 多个士兵被日军抓走，关在监狱的，送到杭州做苦役的，基本上都承受了非人的待遇，甚至还有36个人被送去巴布亚新几内亚当苦力，直至被折磨至死。

八年的抗战，中国付出了惨烈的代价。我看战争片的时候，经常会想，什么是英雄。

作家托尔斯泰有一部著名的小说叫《战争与和平》，我想起那个主人公安德烈公爵的一个场景，他20多岁，胸怀理想，加入俄军和法国人打仗。托尔斯泰最有意思的地方，就是在写到战争的时候，他往往会采取一种特别“个人化”的视角来描述，而不是我们所熟悉的“宏大叙事”，因为在“宏大”之中，个体的喜怒哀乐都不重要了。

我记得，在一场俄军与拿破仑法军交战前的段落，战争快开始时，安德烈完全沉浸在一种哲学思考中，他想打完这场战争后，他自己可能就是英雄了……就当他壮怀激烈的时候，战争便不经意地开打了，一颗炮弹落在了他的马眼前，马惊了，一下就把安德烈从马背上摔下来……等他醒来时，在医院看到的都是断胳膊断腿的人。

战争是惨烈的。我见过一些老兵，每次讲到战争的时候，就内心充满恐惧。我告诉大家个复杂的事情，日本现在因为广岛和长崎那两颗原子弹，一直把自己打扮成“二战”的受害者，他们认为，战争也给他们带来了痛苦。

对于此，你有何评价呢？

所以我最后想放一首歌，有意思的是，这首歌就是聂耳在虹口写的，20 世纪 40 年代，它最早被美国一位黑人歌手翻唱的——那就是著名的《义勇军进行曲》。

（2015 年 8 月 13 日在上海虹口所作的公益演讲）

图书在版编目(CIP)数据

LOOK骆课 / 骆新著．—上海：上海辞书出版社，2016.8(2018.5重印)

ISBN 978-7-5326-4725-5

Ⅰ.①L… Ⅱ.①骆… Ⅲ.①社会科学—文集 Ⅳ.①C53

中国版本图书馆CIP数据核字(2016)第173619号

LOOK骆课

骆　新　著

责任编辑/刘小明　辛　琪　封面设计/杨钟玮

上海世纪出版股份有限公司

辞书出版社出版

200040　上海市陕西北路457号　www.cishu.com.cn

上海世纪出版股份有限公司发行中心发行

200001　上海市福建中路193号　www.ewen.co

常熟文化印刷有限公司印刷

开本890毫米×1240毫米　1/32　印张11.125　字数229 000

2016年8月第1版　2018年5月第3次印刷

ISBN 978-7-5326-4725-5/I·322

定价：45.00元